よくわかる 酒類販売業免許申請ハンドブック

行政書士・税理士
小林秀一 著

日本法令

はしがき

　酒類販売業免許申請の仕事をしていると、いろいろな依頼が舞い込んできます。「海外勤務をしていた際に知り合ったヨーロッパのワイナリーからワインを輸入してインターネットで販売したい」、「これまでお店で酒類を販売していたがインターネットでも販売したい」といった一般的な免許申請の依頼が多いですが、中には「販売場を移転した際に手続きを忘れていたため、税務署からお酒の販売を中止するように言われたが何とかなりませんか」というような依頼もありました。また、近年、日本産酒類（特にウィスキー）の評価が高まってきていることもあり、古物買取業者からの免許申請の依頼も増えています。

　海外勤務の経験を生かした輸入酒類の販売でネックになるのは、申請者の経営経験です。酒類販売業免許の申請要件の中に申請者の経験や経歴に関する規定があって、酒類業に直接従事した期間が3年以上あるか、経営者としての経験が3年以上ないと免許できないことになっているからです。会社の取締役または個人事業主としての経験が概ね3年以上ないと免許申請はできませんので、「経営経験を積むか、経営経験が3年以上ある方を役員にしないと免許申請はできませんよ」とお伝えして、一旦申請をあきらめていただくことになります。

　また、酒類販売業免許は場所を特定して免許していますので、移転許可を受けていない販売場での酒類の販売は「無免許販売」に該当します。無免許販売が行われていれば、税務署が酒類の販売をストップするのは当然のことで、酒類販売業者としては従わざるを得ません。その後に、移転許可の申請を失念していたことをお詫びして、一刻も早く移転許可申請をし、許可が下りるのを待つしかありません。

本書は、酒類販売業免許の申請手続のほか、酒類販売業者としての義務や免許取得後に必要な手続き等についても解説しており、これから免許を受けて酒類販売を始めたい方ばかりでなく、既に免許を受けている方にとっても、酒類販売業者に課されている義務や移転許可などの手続きを確認できる構成となっています。

　第1部は、酒類販売業免許制度の概要について、免許の区分（第1章）、酒類販売業免許の申請要件（第2章）、酒類販売業免許の申請等手続き（第3章、第4章、第5章）、酒類販売業者の義務及び免許取得後に必要な手続き（第6章）について、詳しく解説しました。

　なお、第2章の酒類販売業免許の申請要件については、人的要件、場所的要件など複数の酒類販売業免許に共通する要件もありますが、申請しようとする免許について調べる場合にわかりやすいように、敢えてそれぞれの免許ごとに解説するようにしています。

　第2部は、酒類販売業免許申請の際に提出する申請書（次葉を含む）及び添付資料の書き方等について、酒類行政の経験を生かし、代表的なものをできるだけわかりやすく、申請書の審査に当たる酒類指導官の視点で解説しました。ここに書かれていない免許申請についても、これらを組み合わせることによって応用できると思います。

　本書では、国税庁が発行している酒類販売業免許申請の手引きでは、注書きされている免許要件の判断の基準や申請書類作成上の重要なポイントについて、「POINT」として解説するようにしました。また、申請者が知っていたほうがよいと思われる専門用語については、「コラム」という形で紹介するなど、できる限りわかりやすくまとめたつもりです。

　これから酒類を販売しようと考えている事業者や酒類販売業者、酒類販売業免許申請の手続きに関与される行政書士の皆様にご活用いただければ幸いです。

令和7年2月

行政書士・税理士　小林　秀一

目　　次

第1部　酒類販売免許制度の概要

第1章　酒類販売業免許の区分と内容

1　酒類販売業免許とは ……………………………………………… 14
2　酒類小売業免許と酒類卸売業免許の区分 …………………… 15
　(1)　酒類小売業免許　15
　(2)　酒類卸売業免許　15
3　酒類小売業免許 …………………………………………………… 16
　(1)　一般酒類小売業免許　16
　(2)　通信販売酒類小売業免許　16
　(3)　特殊酒類小売業免許　17
4　酒類卸売業免許 …………………………………………………… 19
　(1)　全酒類卸売業免許　19
　(2)　ビール卸売業免許　19
　(3)　洋酒卸売業免許　20
　(4)　輸出入酒類卸売業免許　20
　(5)　店頭販売酒類卸売業免許　20
　(6)　協同組合員間酒類卸売業免許　21
　(7)　自己商標酒類卸売業免許　21
　(8)　特殊酒類卸売業免許　21

第2章　酒類販売業免許の申請要件

1　一般酒類小売業免許の要件 …………………………………… 23
　(1)　人的要件（酒税法10条1～8号）　23

(2) 場所的要件（酒税法10条9号）　24
　　(3) 経営基礎要件（酒税法10条10号）　25
　　POINT 1　酒類小売業免許申請に必要な申請者の経歴　27
　　(4) 需給調整要件（酒税法10条11号）　27
　　POINT 2　旅館・ホテル等で酒販免許を取得するには　28
　2　通信販売酒類小売業免許の要件 ……………………………… 28
　　(1) 人的要件（酒税法10条1～8号）　28
　　(2) 場所的要件（酒税法10条9号）　30
　　(3) 経営基礎要件（酒税法10条10号）　30
　　(4) 需給調整要件（酒税法10条11号）　31
　3　特殊酒類小売業免許の要件 …………………………………… 32
　4　全酒類卸売業免許及びビール卸売業免許の要件 ………… 32
　　(1) 人的要件（酒税法10条1～8号）　32
　　(2) 場所的要件（酒税法10条9号）　33
　　(3) 経営基礎要件（酒税法10条10号）　34
　　POINT 3　全酒類卸売業免許及びビール卸売業免許の申請に必要
　　　　　　な申請者の経歴　35
　　(4) 需給調整要件（酒税法10条11号）　36
　5　洋酒卸売業免許、店頭販売酒類卸売業免許、協同組合員
　　間酒類卸売業免許及び自己商標酒類卸売業免許の要件
　　…………………………………………………………………… 37
　　(1) 人的要件（酒税法10条1～8号）　37
　　(2) 場所的要件（酒税法10条9号）　38
　　(3) 経営基礎要件（酒税法10条10号）　39
　　POINT 4　洋酒卸売業免許、店頭販売酒類卸売業免許、協同組合
　　　　　　　員間酒類卸売業免許、自己商標酒類卸売業免許及び輸
　　　　　　　出入酒類卸売業免許の申請に必要な申請者の経歴　41
　6　輸出入酒類卸売業免許の要件 ………………………………… 42
　　(1) 人的要件（酒税法10条1～8号）　42
　　(2) 場所的要件（酒税法10条9号）　43

（3）経営基礎要件（酒税法 10 条 10 号） 43

第3章　酒類小売業免許の申請手続等

1　申請書類の作成 ……………………………………………… 45
2　申請書類の提出 ……………………………………………… 46
3　申請書の審査 ………………………………………………… 47
　POINT 5　酒類指導官とは　48
　POINT 6　酒類販売業免許の取扱官庁　49
4　免許付与等の通知 …………………………………………… 49
5　登録免許税の納付 …………………………………………… 49
6　酒類販売管理者の選任 ……………………………………… 50
7　酒類販売業免許者の氏名等の公表 ………………………… 50
　POINT 7　酒類販売管理者とは　51

第4章　酒類卸売業免許の申請手続等

1　申請書類の作成 ……………………………………………… 52
2　「全酒類卸売業免許」及び「ビール卸売業免許」の
　申請手続 ……………………………………………………… 52
　（1）免許可能件数の公表　52
　（2）申請書類の提出　53
　（3）申請時（公開抽選前）に提出する申請書類　53
　（4）公開抽選の実施（審査順位の決定）　54
　（5）審査時（公開抽選後）に提出する申請書類　55
　（6）申請書類の審査　56
　（7）免許付与等の通知　57
　（8）登録免許税の納付　57
　（9）酒類販売業免許者の氏名等の公表　57

3 「全酒類卸売業免許」及び「ビール卸売業免許」以外の
　酒類卸売業免許の申請手続 …………………………………… 58
　（1）申請時に提出する書類　58
　（2）登録免許税の納付　59
　（3）その他　60

第5章　酒類販売業免許の条件緩和の申出手続等

1　条件緩和の申出書の作成 ……………………………………… 62
2　申出書類の提出 ………………………………………………… 62
3　申出書の審査 …………………………………………………… 64
4　免許条件の緩和等の通知 ……………………………………… 64
5　登録免許税の納付 ……………………………………………… 65
6　酒類販売管理者の選任 ………………………………………… 65
7　酒類販売業免許者の氏名等の公表 …………………………… 65

第6章　酒類販売業者の義務及び免許取得後に必要な手続き

1　酒税法上の義務 ………………………………………………… 67
　（1）記帳義務　67
　（2）酒類販売数量等の報告　68
　（3）住所・名称等の異動申告　68
　（4）酒類販売場の休止等の申告　69
　（5）酒類蔵置所（酒類倉庫）の設置報告　69
　（6）酒類の販売先等の報告　69
　（7）酒類の詰め替えを行う場合の届出　70
　POINT 8　酒類の「詰め替え」と「量り売り」　70
　コラム　直ちに、速やかに、遅滞なくの違い　71

2 免許取得後における免許に関する各種手続 72
　(1) 酒類販売場を移転しようとする場合　72
　(2) 酒類販売場を廃止しようとする場合　72
　(3) 酒類販売業を相続しようとする場合　72
　(4) 酒類販売業を承継しようとする場合　73
　(5) 酒類販売業者が法人成り等をしようとする場合　73
3 酒類業組合法上の義務 74
　(1) 酒類販売管理者選任義務　74
　(2) 酒類販売管理者の届出義務　75
　(3) 酒類販売管理者に定期的に酒類販売管理研修を受講させる義務　75
　(4) 酒類販売管理者標識の掲示義務　75
　(5) 20歳未満の者の飲酒防止に関する表示基準の遵守　75
　コラム　自動販売機による酒類の販売　78
4 社会的要請への適切な対応（主なもの）..................... 79
　(1) 20歳未満の者の飲酒防止　79
　コラム　飲酒に関する年齢制限　80
　(2) 公正な取引の確保　81

第2部　申請書類の書き方

第1章　一般酒類小売業免許申請書の記入例

1 店舗で酒類を販売する場合の酒類販売業免許申請書の記入例 84
　(1) 酒類販売業免許申請書の記入例　86
　(2) 酒類販売業免許申請書　次葉1の記入例　88
　(3) 酒類販売業免許申請書　次葉2の記入例　90

（4）酒類販売業免許申請書　次葉3の記入例　92
　（5）酒類販売業免許申請書　次葉4の記入例　94
　（6）酒類販売業免許申請書　次葉5の記入例　98
　（7）酒類販売業免許申請書　次葉6の記入例　100
2　一般酒類小売業免許申請書の添付書類の留意事項及び
　　記入例 ··· 104
　（1）酒類販売業免許の免許要件誓約書　104
　（2）申請者の履歴書　110
　（3）法人の定款の写し　112
　（4）地方税の納税証明書　112
　（5）賃貸借契約書等の写し（申請書次葉3付属書類）　113
　POINT9　建物の所有者と貸主が異なる場合は注意が必要　114
　（6）最終事業年度以前3事業年度の財務諸表　115
　（7）土地及び建物の登記事項証明書　115
　（8）その他参考となるべき書類　115
　（9）一般酒類小売業免許申請書（a）チェック表の記入例　120

第2章　通信販売酒類小売業免許申請書の記入例

1　ネットショップで酒類を販売する場合の
　　酒類販売業免許申請書の記入例 ································· 122
　（1）酒類販売業免許申請書の記入例　124
　（2）酒類販売業免許申請書　次葉1の記入例　128
　（3）酒類販売業免許申請書　次葉2の記入例　130
　（4）酒類販売業免許申請書　次葉3の記入例　132
　（5）酒類販売業免許申請書　次葉4の記入例　134
　（6）酒類販売業免許申請書　次葉5の記入例　138
　（7）酒類販売業免許申請書　次葉6の記入例　140

2 通信販売酒類小売業免許申請書の添付書類の留意事項及び記入例 ………………………………………………………… 144
　(1) 酒類販売業免許の免許要件誓約書　144
　(2) 申請者の履歴書　150
　(3) 法人の定款の写し　152
　(4) 地方税の納税証明書　152
　(5) 賃貸借契約書等の写し（申請書次葉3付属書類）　153
　(6) 最終事業年度以前3事業年度の財務諸表　153
　(7) 土地及び建物の登記事項証明書　154
　(8) その他参考となるべき書類　154
　(9) 通信販売酒類小売業免許申請書チェック表の記入例　168

第3章　輸入酒類卸売業免許申請書の記入例

1 自己が輸入した酒類を卸売する場合の酒類販売業免許申請書の記入例 …………………………………………………… 172
　(1) 酒類販売業免許申請書の記入例　174
　(2) 酒類販売業免許申請書　次葉1の記入例　176
　(3) 酒類販売業免許申請書　次葉2の記入例　178
　(4) 酒類販売業免許申請書　次葉3の記入例　180
　(5) 酒類販売業免許申請書　次葉4の記入例　182
　(6) 酒類販売業免許申請書　次葉5の記入例　184

2 輸入酒類卸売業免許申請書の添付書類の留意事項及び記入例 ……………………………………………………………… 186
　(1) 酒類販売業免許の免許要件誓約書　186
　(2) 申請者の履歴書　192
　(3) 法人の定款の写し　194
　(4) 地方税の納税証明書　194
　(5) 賃貸借契約書等の写し（申請書次葉3付属書類）　195
　(6) 最終事業年度以前3事業年度の財務諸表　195

(7) 土地及び建物の登記事項証明書　196
　(8) その他参考となるべき書類　196
　(9) 酒類販売業免許申請書（b）チェック表の記入例　200

第4章　酒類販売業免許の条件緩和申出書の記入例

1　自己が輸入して卸売していた酒類をネットショップでも販売する場合の条件緩和申出書の記入例 …………… 202
　(1) 酒類販売業免許の条件緩和申出書の記入例　204
　(2) 酒類販売業免許申請書　次葉1の記入例　206
　(3) 酒類販売業免許申請書　次葉2の記入例　208
　(4) 酒類販売業免許申請書　次葉3の記入例　210
　(5) 酒類販売業免許申請書　次葉5の記入例　212
　(6) 酒類販売業免許申請書　次葉6の記入例　214

2　条件緩和申出書の添付書類の留意事項及び記入例 …… 218
　(1) 酒類販売業免許の免許要件誓約書　218
　(2) 地方税の納税証明書　224
　(3) その他参考となるべき書類　224
　(4) 条件緩和申出の際の通信販売酒類小売業免許申請書チェック表の記入例　236

第5章　酒類販売場移転許可申請書の記入例

1　酒類販売場移転許可申請書の記入例 ……………………… 240
　(1) 酒類販売場移転許可申請書の記入例　242
　(2) 酒類販売業免許申請書　次葉1の記入例　244
　(3) 酒類販売業免許申請書　次葉2の記入例　246
　(4) 酒類販売業免許申請書　次葉3の記入例　248

2　酒類販売場移転許可申請書の添付書類の留意事項及び記入例 ……………………………………………………… 250
　(1)　賃貸借契約書等の写し（申請書次葉3付属書類）　250
　(2)　土地及び建物の登記事項証明書　250
　(3)　酒類販売場移転許可申請書（h）チェック表の記入例　251

第6章　酒税法上の義務に基づく申告書・報告書の記入例

1　本社を移転し、代表者を変更した場合の異動申告書の記入例 ……………………………………………………… 253
2　常設の酒類倉庫を設置する場合の酒類蔵置所設置報告書の記入例 ………………………………………………… 256

参考資料

1　酒類指導官設置税務署一覧 ……………………………… 260
2　酒類販売管理研修実施団体（指定団体）一覧 ………… 268

第1部

酒類販売免許制度の概要

第 1 章

酒類販売業免許の区分と内容

1　酒類販売業免許とは

　酒類の販売業をしようとする場合には、酒税法の規定に基づき、販売場ごとにその販売場の所在地の所轄税務署長から酒類販売業免許を受けなければなりません。

　酒類の販売業とは、酒類を継続的に販売することをいいますが、営利を目的としているかどうか、販売先が特定の者であるかは問いません。

　販売場ごとに免許を受ける必要があるというのは、例えば、本店で酒類販売業免許を受けている場合であっても、支店等別の場所で酒類を販売する場合には、支店等の所在地の所轄税務署長から新たに酒類販売業免許を受ける必要があるということです。

　酒類販売業免許を受けないで酒類の販売業を行った場合には、酒税法の規定により、1年以下の懲役または50万円以下の罰金に処されることになっています。また、偽りその他不正な行為によって酒類販売業免許を受けた場合など一定の要件に該当する場合には、酒類販売業免許が取り消されることがあります。

【酒税法】
第9条　酒類の販売業又は販売の代理業若しくは媒介業(以下「販売業」と総称する。)をしようとする者は、政令で定める手続により、販売場(継続して販売業をする場所をいう。以下同じ。)

ごとにその販売場の所在地(販売場を設けない場合には、住所地)の所轄税務署長の免許(以下「販売業免許」という。)を受けなければならない。

第14条　酒類販売業者が次の各号のいずれかに該当する場合には、税務署長は、酒類の販売業免許を取り消すことができる。

　一　偽りその他不正の行為により酒類の販売業免許を受けた場合

第56条　次の各号のいずれかに該当する者は、1年以下の懲役又は50万円以下の罰金に処する。

　一　第9条第1項の規定による販売業免許を受けないで酒類の販売業をした者

2　酒類小売業免許と酒類卸売業免許の区分

　酒類販売業免許は、酒類を販売する相手(取引先)によって、酒類小売業免許と酒類卸売業免許の2つに区分されています。

(1)　酒類小売業免許

　酒類小売業免許は、消費者や料飲店営業者等に対して酒類を継続的に販売(小売)することができる酒類販売業免許です。洋酒入りのチョコレートなどを製造する菓子等製造業者等に対して酒類を販売する場合に必要な免許も酒類小売業免許です。

(2)　酒類卸売業免許

　酒類卸売業免許は、酒類販売業者または酒類製造者に対して酒類を継続的に販売(卸売)することができる酒類販売業免許です。

　酒類卸売業免許では、消費者やレストラン、居酒屋などの料飲店営業者に酒類を販売することはできません。

●表 1-1　酒類小売業免許と酒類卸売業免許の区分

免許の区分	販売先（取引先）
酒類小売業免許	・一般消費者 ・飲食店・レストラン等の飲食業者 ・酒類を使った菓子等の製造業者等
酒類卸売業免許	・酒類製造者 ・酒類卸売業者 ・酒類小売業者

3　酒類小売業免許

　酒類小売業免許は、販売方法によって、一般酒類小売業免許、通信販売酒類小売業免許及び特殊酒類小売業免許に区分されます。

(1) 一般酒類小売業免許

　一般酒類小売業免許とは、販売場において、原則として、すべての品目の酒類を小売することができる酒類販売業免許です。酒屋、コンビニエンスストア、スーパーマーケット、量販店、百貨店の酒売場などの免許がこれに該当します。

　レストランや居酒屋などの飲食店に対して酒類を販売する場合に必要な免許も一般酒類小売業免許になります。

　販売する酒類の品目に制限はありませんので、どんなお酒でも販売することができますが、通信販売はできません。

(2) 通信販売酒類小売業免許

　通信販売酒類小売業免許とは、通信販売によって酒類を販売（小売）することができる酒類小売業免許です。

　通信販売というのは、2都道府県以上の広範な地域の消費者等を対象として、インターネットやカタログの送付等によって商品の内容、販売価格その他の条件を提示し、郵便、電話その他の通信手段

によって売買契約の申込みを受けて、当該提示した条件に従って行う販売をいいます。

通信販売酒類小売業免許では、酒類の店頭小売（店頭において酒類の売買契約の申込みを受けたり、店頭において酒類を引き渡すこと）はできません。

また、販売できる酒類の範囲は次の酒類に限られています。
① 輸入酒類
② 国産酒類のうち、カタログ等の発行年月日の属する会計年度（4月1日から翌年3月31日までの期間）の前会計年度における酒類の品目ごとの課税移出数量が、すべて3,000kl未満である酒類製造者が製造、販売する酒類
③ 国産酒類のうち地方の特産品等（製造委託者が所在する地方の特産品等に限る）を原料として、酒類製造者に製造委託する酒類であり、かつ、当該酒類の一会計年度における製造委託者ごとの製造委託数量の合計が3,000kl未満である酒類

つまり、通信販売では、輸入した酒類であれば何でも販売することができますが、国産酒類については、大手酒類製造者が製造する酒類は販売できないことになります。

(3) 特殊酒類小売業免許

特殊酒類小売業免許とは、一般酒類小売業免許や通信販売酒類小売業免許に該当しない酒類小売業免許で、消費者等の特別の必要に応ずるために酒類を販売（小売）することが認められる免許です。消費者等の特別の必要に応ずるために付与される免許ですから、その販売行為は必要最低限であり、それぞれの免許に応じて販売する酒類の範囲またはその販売方法について具体的な条件が付けられます。

例えば、酒類卸売業免許を有している酒類販売業者が、自社の役

員及び従業員に対して酒類を販売する免許などが特殊酒類小売業免許に該当します。この場合販売先は、自社の役員及び従業員に限定され、販売できる酒類の範囲は、既存の酒類卸売業免許で販売することができる酒類に限定されます。

●表1-2　酒類小売業免許の区分

免許の区分	主な販売業態	販売できる酒類の範囲	
一般酒類小売業免許 （通信販売はできない）	・一般酒販店 ・業務用卸主体店 ・百貨店 ・スーパーマーケット ・コンビニエンスストア ・ドラッグストア ・量販店 ・駅の売店 ・その他の小売店等	全酒類	
通信販売酒類小売業免許 （店頭販売はできない）	・ネット販売 ・カタログ販売	輸入酒類	全酒類
		国産酒類	前会計年度における酒類の品目ごとの課税移出数量がすべて3,000kl未満である酒類製造者が製造、販売する酒類
		特産品等	地方特産品等であり、製造数量が3,000kl未満である酒類
特殊酒類小売業免許	上記以外の販売形態	必要に応じて具体的な条件が付けられる	

4 酒類卸売業免許

酒類卸売業免許は、販売方法によって、全酒類卸売業免許、ビール卸売業免許、洋酒卸売業免許、輸出入酒類卸売業免許、店頭販売酒類卸売業免許、協同組合員間酒類卸売業免許、自己商標酒類卸売業免許及び特殊酒類卸売業免許に区分されます。

このうち、「全酒類卸売業免許」及び「ビール卸売業免許」については、各免許年度の免許可能件数を卸売販売地域（原則として都道府県）ごとに算定し、免許可能件数の範囲内で免許が付与されます。

免許申請に当たっては、一定の申請期間内に提出された申請等について、原則として公開抽選を実施して審査順位を決定し、審査順位に従って審査を行い、免許可能件数の範囲内で免許が付与されます。

一方、「全酒類卸売業免許」及び「ビール卸売業免許」以外の酒類卸売業免許については、抽選は行わず申請等の順に審査を行い、免許が付与されます。

(1) 全酒類卸売業免許

全酒類卸売業免許とは、原則として、すべての品目の酒類を卸売することができる酒類卸売業免許です。

この免許については、毎年、卸売販売地域ごとに免許可能件数が算定され、算定された免許可能件数の範囲内で免許等が付与されます。新規免許だけでなく、他の卸売販売地域から転入する場合の「移転許可」及び「全酒類卸売業免許への条件緩和」も公開抽選の対象となります。

(2) ビール卸売業免許

ビール卸売業免許とは、ビールを卸売することができる酒類卸売業免許です。

この免許についても、全酒類卸売業免許と同様に、毎年、卸売販

売地域ごとに免許可能件数が算定され、算定された免許可能件数の範囲内で免許等が付与されます。ビール卸売業免許の場合も、新規免許だけでなく、他の卸売販売地域から転入する場合の「移転許可」及び「ビール卸売業免許への条件緩和」も公開抽選の対象となります。

(3) 洋酒卸売業免許

洋酒卸売業免許とは、果実酒、甘味果実酒、ウイスキー、ブランデー、発泡酒、その他の醸造酒、スピリッツ、リキュール、粉末酒及び雑酒のすべてまたはこれらの酒類の品目の1以上の酒類を卸売することができる酒類卸売業免許です。

(4) 輸出入酒類卸売業免許

輸出入酒類卸売業免許とは、自己（自社）が輸出する酒類、自己（自社）が輸入する酒類または自己（自社）が輸出入する酒類を卸売することができる酒類卸売業免許です。

他の者が輸入した酒類の卸売はできませんので、他の者が輸入した酒類を仕入れて卸売を行う場合は、販売する酒類の品目に応じて、該当する他の酒類卸売業免許を取得する必要があります。

(5) 店頭販売酒類卸売業免許

店頭販売酒類卸売業免許とは、自己の会員である酒類販売業者に対して、店頭において酒類を直接引き渡し、当該酒類を会員が持ち帰る方法により卸売することができる酒類卸売業免許です。

この免許で卸売できる販売先は、住所及び氏名または名称ならびに酒類販売業者であることを免許通知書等により確認した上で、会員として登録し管理している酒類販売業者に限ります。会員登録していない酒類販売業者に対して卸売することはできません。

また、卸売できる販売方法は、店頭において酒類を直接引き渡し、当該酒類を会員が直接持ち帰る方法による卸売に限られていますの

で、販売した酒類を配達することはできません。

(6) 協同組合員間酒類卸売業免許

協同組合員間酒類卸売業免許とは、自己が加入している事業協同組合（中小企業等協同組合法に基づき設立された事業協同組合をいう）の組合員である酒類小売業者に酒類を卸売することができる酒類卸売業免許です。

この免許で卸売できる販売先は、自己が加入している事業協同組合の組合員であって、酒類の小売を行うことができる酒類販売業免許を有する者に限られていますので、他の事業協同組合の組合員等に卸売することはできません。

(7) 自己商標酒類卸売業免許

自己商標酒類卸売業免許とは、自らが開発した商標または銘柄の酒類を卸売することができる酒類卸売業免許です。

この免許で卸売できる酒類は、自らが開発した商標または銘柄の酒類に限られています。

(8) 特殊酒類卸売業免許

特殊酒類卸売業免許とは、酒類事業者の特別の必要に応ずるために酒類を卸売することが認められる酒類卸売業免許をいい、次のような免許がこれに該当します。

① 酒類製造者の本支店、出張所等に対する酒類卸売業免許
② 酒類製造者の企業合同に伴う酒類卸売業免許
③ 酒類製造者の共同販売機関に対する酒類卸売業免許

●表1-3　酒類卸売業免許の区分

免許の区分	販売先	販売できる酒類の範囲	抽選
全酒類卸売業免許	・酒類卸売業者 ・酒類小売業者 ・酒類製造者	全酒類	有
ビール卸売業免許	・酒類卸売業者 ・酒類小売業者 ・酒類製造者	ビール	有
洋酒卸売業免許	・酒類卸売業者 ・酒類小売業者 ・酒類製造者	果実酒、甘味果実酒、ウイスキー、ブランデー、発泡酒、その他の醸造酒、スピリッツ、リキュール、粉末酒及び雑酒	
輸出入酒類卸売業免許	・酒類卸売業者 ・酒類小売業者 ・酒類製造者	自己が輸入する酒類	
	・国外の酒類販売業者等	自己が輸出する酒類	
店頭販売酒類卸売業免許	・自己の会員となっている酒類販売業者	全酒類	
協同組合員間酒類卸売業免許	・自己が加入している協同組合の組合員	全酒類	
自己商標酒類卸売業免許	・酒類卸売業者 ・酒類小売業者 ・酒類製造者	自らが開発した商標または銘柄の酒類	
特殊酒類卸売業免許	・酒類販売業者	申請者である酒類製造者が製造している酒類	

第2章

酒類販売業免許の申請要件

　酒類販売業免許を受けるためには、申請者、申請者の法定代理人、申請法人の役員、申請販売場の支配人及び申請販売場が一定の要件（以下、この章では「免許の要件」という）を満たしている必要があります。

　免許の申請に当たっては、免許の要件を満たしていることについて、「酒類販売業免許の免許要件誓約書」を提出して誓約する必要があります。この誓約の内容を偽るなど不正行為があった場合には、その不正行為が判明した段階で、酒類販売業免許申請の拒否または酒類販売業免許の取消の対象になります。

① 　免許申請の審査段階で判明した場合 ‥‥‥ 免許拒否処分
② 　酒類販売業免許取得後に判明した場合 ‥‥ 免許取消処分

　以下、免許の区分に応じて求められる免許の要件について説明します。

1　一般酒類小売業免許の要件

(1) 人的要件（酒税法10条1～8号）

① 　申請者が酒類等の製造免許もしくは酒類の販売業免許またはアルコール事業法の許可の取消処分を受けた者である場合には、取消処分を受けた日から3年を経過していること

② 申請者が酒類の製造免許もしくは酒類の販売業免許またはアルコール事業法の許可の取消処分を受けたことがある法人のその取消原因があった日以前1年内にその法人の業務を執行する役員であった者の場合には、その法人が取消処分を受けた日から3年を経過していること
③ 申請者が申請前2年内において国税または地方税の滞納処分を受けたことがないこと
④ 申請者が国税または地方税に関する法令等に違反して、罰金の刑に処せられまたは通告処分を受けた者である場合には、それぞれ、その刑の執行を終わり、もしくは執行を受けることがなくなった日またはその通告の旨を履行した日から3年を経過していること
⑤ 申請者が、「二十歳未満ノ者ノ飲酒ノ禁止ニ関スル法律」、「風俗営業等の規制及び業務の適正化等に関する法律（20歳未満の者に対する酒類の提供に係る部分に限る。）」、「暴力団員による不当な行為の防止等に関する法律」、「刑法（傷害、現場助勢、暴行、凶器準備集合及び結集、脅迫又は背任の罪）」または「暴力行為等処罰に関する法律」の規定により、罰金刑に処せられた者である場合には、その執行を終わり、または執行を受けることがなくなった日から3年を経過していること
⑥ 申請者が禁錮以上の刑に処せられ、その執行を終わった日または執行を受けることがなくなった日から3年を経過していること

（注）申請者が営業に関し成年者と同一の能力を有しない未成年者である場合はその法定代理人が、申請者または法定代理人が法人の場合はその役員が、また、申請販売場に支配人を置く場合はその支配人が、それぞれ、上記①、②、④、⑤及び⑥の要件を満たす必要があります。

(2) 場所的要件（酒税法10条9号）

正当な理由がないのに取締り上不適当と認められる場所に販売場を設けようとしていないこと

① 申請販売場が、製造免許を受けている酒類の製造場や販売業免許を受けている酒類の販売場、酒場または料理店等と同一の場所でないこと
② 申請販売場における営業が、販売場の区画割り、専属の販売従事者の有無、代金決済の独立性その他販売行為において他の営業主体の営業と明確に区分されていること

(注) 狭あいな店舗内の一部（陳列棚等）を賃借等して、その陳列棚を販売場とする場合などは、明確に区分されているとは認められません。

(3) 経営基礎要件（酒税法 10 条 10 号）

免許の申請者が破産手続開始の決定を受けて復権を得ていない場合のほか、その経営の基礎が薄弱であると認められる場合に該当しないこと

具体的には、次により判定されます。

① 申請者（申請者が法人のときは代表権を有する役員または主たる出資者を含む。以下同じ）が、次に該当しないこと
　a　現に国税または地方税を滞納している場合
　b　申請前 1 年以内に銀行取引停止処分を受けている場合
　c　最終事業年度における確定した決算に基づく貸借対照表の繰越損失が資本等の額（注）を上回っている場合
　d　最終事業年度以前 3 事業年度のすべての事業年度において資本等の額（注）の 20％を超える額の欠損を生じている場合

(注)「資本等の額」とは、資本金、資本剰余金及び利益剰余金の合計額から繰越利益剰余金を控除した額をいいます。

　e　酒税に関係のある法律に違反し、通告処分を受け、履行していない場合または告発されている場合
　f　販売場の申請場所への設置が、建築基準法、都市計画法、農地法、流通業務市街地の整備に関する法律その他の法令または地方自治体の条例の規定に違反しており、店舗の除却または移

転を命じられている場合
　g　申請販売場において、酒類の適正な販売管理体制が構築されないことが明らかであると見込まれる場合
② 申請者が、次の要件を満たしていること
　a　経験その他から判断し、適正に酒類の小売業を経営するに十分な知識及び能力を有すると認められる者またはこれらの者が主体となって組織する法人であること（POINT1参照）
　b　酒類を継続的に販売するために必要な資金、販売施設及び設備を有していること、または必要な資金を有し免許を付与するまでに販売施設及び設備を有することが確実と認められること

> **POINT 1** 酒類小売業免許申請に必要な申請者の経歴
>
> 　酒類小売業免許の申請については、申請者がおおむね次に掲げる経歴を有する者で、酒類に関する知識及び記帳能力等、酒類の小売業を経営するに十分な知識及び能力を有し、独立して営業ができるものと認められる場合は、原則として 26 ページ（3）経営基礎要件の②ａの要件を満たすものとして取り扱われています。
> 1　免許を受けている酒類の製造業者もしくは販売業の業務に直接従事した期間が、引き続き 3 年以上である者、調味食品等の販売業を 3 年以上継続して経営している者またはこれらの業務に従事した期間が相互に通算して 3 年以上である者。
> 2　酒類業団体の役職員として相当期間継続して勤務した者または酒類の製造業もしくは販売業の経営者として直接業務に従事した者等で酒類に関する事業及び酒類業界の実情に十分精通していると認められる者。
>
> 　なお、これらの従事経験や経営経験がない場合には、その他の業での経営経験に加え「酒類販売管理研修」の受講の有無等から、①酒類の特性に応じた商品管理上の知識及び経験、②酒税法上の記帳義務を含む各種義務を適正に履行する知識及び能力等、酒類の小売業を経営するに十分な知識及び能力が備わっているかどうかが審査されます。

(4) 需給調整要件（酒税法 10 条 11 号）

　酒税の保全上酒類の需給の均衡を維持する必要があるため酒類の販売業免許を与えることが適当でないと認められる場合に該当しない

こと。具体的には、次のような場合には、適当でないと判断されます。
① 申請者が設立の趣旨からみて販売先が原則としてその構成員に特定されている法人または団体である場合
② 申請者が酒場、旅館、料理店等酒類を取り扱う接客業者である場合（POINT2 参照）

> **POINT2** 旅館・ホテル等で酒販免許を取得するには
>
> 　接客業者であっても国税局長が酒類販売業免許を付与することについて支障がないと認めた場合には、免許を受けることができます。
>
> 　例えば、ホテルや旅館では、レストランや宴会場で食事と一緒に酒類を提供しており、土産品売場等で酒類を販売しています。この場合、食事と一緒に酒類を提供するレストランや宴会場には酒類小売業免許は必要ありませんが、土産品売場には酒類小売業免許が必要になります。
>
> 　このように、同一の営業主体が飲食店と酒販店を兼業する場合に酒類小売業免許を取得するためには、飲食店で提供される酒類と酒販店で販売される酒類が、仕入先等を含め混合されることがないように、飲食店エリアと酒販店エリアとが場所的に明確に区分されているほか、飲食店で飲用に提供される酒類と酒販店で販売される酒類の仕入・売上・在庫管理が明確に区分されており、それが帳簿により確認できるなどの措置が必要になります。

2　通信販売酒類小売業免許の要件

(1) 人的要件（酒税法10条1～8号）

① 申請者が酒類等の製造免許もしくは酒類の販売業免許またはアルコール事業法の許可の取消処分を受けた者である場合には、取消処分を受けた日から3年を経過していること
② 申請者が酒類の製造免許もしくは酒類の販売業免許またはアルコール事業法の許可の取消処分を受けたことがある法人のその取消原因があった日以前1年内にその法人の業務を執行する役員であった者の場合には、その法人が取消処分を受けた日から3年を経過していること
③ 申請者が申請前2年内において国税または地方税の滞納処分を受けたことがないこと
④ 申請者が国税または地方税に関する法令等に違反して、罰金の刑に処せられまたは通告処分を受けた者である場合には、それぞれ、その刑の執行を終わり、もしくは執行を受けることがなくなった日またはその通告の旨を履行した日から3年を経過していること
⑤ 申請者が、二十歳未満ノ者ノ飲酒ノ禁止ニ関スル法律、風俗営業等の規制及び業務の適正化等に関する法律（20歳未満の者に対する酒類の提供に係る部分に限る。）、暴力団員による不当な行為の防止等に関する法律、刑法（傷害、現場助勢、暴行、凶器準備集合及び結集、脅迫または背任の罪）または暴力行為等処罰に関する法律の規定により、罰金刑に処せられた者である場合には、その執行を終わり、または執行を受けることがなくなった日から3年を経過していること
⑥ 申請者が禁錮以上の刑に処せられ、その執行を終わった日または執行を受けることがなくなった日から3年を経過していること

(注) 申請者が営業に関し成年者と同一の能力を有しない未成年者である場合はその法定代理人が、申請者または法定代理人が法人の場合はその役員が、また、申請販売場に支配人を置く場合はその支配人が、それぞれ、上記①、②、④、⑤及び⑥の要件を満たす必要があります。

(2) 場所的要件（酒税法10条9号）

　正当な理由がないのに取締り上不適当と認められる場所に販売場を設けようとしていないこと。具体的には、申請販売場が製造免許を受けている酒類の製造場や販売業免許を受けている酒類の販売場、酒場または料理店等と同一の場所でないこと

(3) 経営基礎要件（酒税法10条10号）

　免許の申請者が破産手続開始の決定を受けて復権を得ていない場合のほか、その経営の基礎が薄弱であると認められる場合に該当しないこと

　具体的には、次により判定されます。
① 申請者が、次に該当しないこと
　a　現に国税または地方税を滞納している場合
　b　申請前1年以内に銀行取引停止処分を受けている場合
　c　最終事業年度における確定した決算に基づく貸借対照表の繰越損失が資本等の額（注）を上回っている場合
　d　最終事業年度以前3事業年度のすべての事業年度において資本等の額（注）の20％を超える額の欠損を生じている場合

(注)「資本等の額」とは、資本金、資本剰余金及び利益剰余金の合計額から繰越利益剰余金を控除した額をいいます。

　e　酒税に関係のある法律に違反し、通告処分を受け、履行していない場合または告発されている場合
　f　販売場の申請場所への設置が、建築基準法、都市計画法、農地法、流通業務市街地の整備に関する法律その他の法令または地方自治体の条例の規定に違反しており、店舗の除却または移転を命じられている場合
　g　申請販売場において、酒類の適正な販売管理体制が構築されないことが明らかであると見込まれる場合

② 申請者が、次の要件を満たしていること
　a　経験その他から判断し、適正に酒類の通信販売を行うため十分な知識、経営能力及び販売能力を有すると認められる者またはこれらの者が主体となって組織する法人であること（27ページ **POINT1** 参照）
　b　酒類の通信販売を行うための所要資金等を有し、販売方法が特定商取引に関する法律の消費者保護関係規定に準拠し、「二十歳未満の者の飲酒防止に関する表示基準」を満たし、またはこの定めを満たすことが確実であると見込まれること
　c　酒類の購入申込者が20歳未満の者でないことを確認できる手段を講ずるものと認められること

(4) 需給調整要件（酒税法10条11号）

　酒税の保全上酒類の需給の均衡を維持する必要があるため酒類の販売業免許を与えることが適当でないと認められる場合に該当しないこと
　販売できる酒類の範囲は、次の酒類に限られています。
① 輸入酒類
　酒類の品目や数量の制限はありません。
② 国産酒類
　a　カタログ等（注1）の発行年月日の属する会計年度（4月1日から翌年3月31日までの期間をいう）の前会計年度における酒類の品目ごとの課税移出数量（注2）が、すべて3,000kl未満である酒類製造者（以下「特定製造者」という）が製造、販売する酒類
　b　地方の特産品等（製造委託者が所在する地方の特産品等に限る）を原料として、特定製造者以外の製造者に製造委託する酒類であり、かつ、当該酒類の一会計年度における製造委託者ごとの製造委託数量の合計が3,000kl未満である酒類

(注1)「カタログ等」とは、いわゆるカタログのほか、チラシ等もしくは雑誌新聞またはインターネットによる広告等をいいます（以下同じ）。
(注2) 前会計年度における課税移出実績がない場合は、カタログ等の発行日の属する会計年度における酒類製造者の製造見込数量により判断します。
(注3) 上記②の国産酒類が、通信販売により販売できる酒類かどうかについては、通信販売を予定している酒類製造者の発行する証明書（通信販売の対象となる酒類であることの証明書をいいます。157ページ「製造数量証明書の記入例」参照。なお、上記②ｂの酒類については製造委託契約書・同計画書等）を申請書に添付してください。
(注4)「製造委託者が所在する地方」とは、原則として製造委託者の住所または本店が所在する都道府県の範囲内です。

3　特殊酒類小売業免許の要件

　申請者等について、特段の定めのある場合を除き、一般酒類小売業免許の免許要件が準用されます。

4　全酒類卸売業免許及びビール卸売業免許の要件

(1) 人的要件（酒税法10条1～8号）

① 　申請者が酒類等の製造免許もしくは酒類の販売業免許またはアルコール事業法の許可の取消処分を受けた者である場合には、取消処分を受けた日から3年を経過していること
② 　申請者が酒類の製造免許もしくは酒類の販売業免許またはアルコール事業法の許可の取消処分を受けたことがある法人のその取消原因があった日以前1年内にその法人の業務を執行する役員であった者の場合には、その法人が取消処分を受けた日から3年を経過していること
③ 　申請者が申請前2年内において国税または地方税の滞納処分を受けたことがないこと

④　申請者が国税または地方税に関する法令等に違反して、罰金の刑に処せられまたは通告処分を受けた者である場合には、それぞれ、その刑の執行を終わり、もしくは執行を受けることがなくなった日またはその通告の旨を履行した日から3年を経過していること

⑤　申請者が、二十歳未満ノ者ノ飲酒ノ禁止ニ関スル法律、風俗営業等の規制及び業務の適正化等に関する法律（20歳未満の者に対する酒類の提供に係る部分に限る。）、暴力団員による不当な行為の防止等に関する法律、刑法（傷害、現場助勢、暴行、凶器準備集合及び結集、脅迫または背任の罪）または暴力行為等処罰に関する法律の規定により、罰金刑に処せられた者である場合には、その執行を終わり、または執行を受けることがなくなった日から3年を経過していること

⑥　申請者が禁錮以上の刑に処せられ、その執行を終わった日または執行を受けることがなくなった日から3年を経過していること

（注）申請者が営業に関し成年者と同一の能力を有しない未成年者である場合はその法定代理人が、申請者または法定代理人が法人の場合はその役員が、また、申請販売場に支配人を置く場合はその支配人が、それぞれ、上記①、②、④、⑤及び⑥の要件を満たす必要があります。

(2) 場所的要件（酒税法10条9号）

正当な理由がないのに取締り上不適当と認められる場所に販売場を設けようとしていないこと。

①　申請販売場が、製造免許を受けている酒類の製造場や販売業免許を受けている酒類の販売場、酒場または料理店等と同一の場所でないこと

②　申請販売場における営業が、販売場の区画割り、専属の販売従事者の有無、代金決済の独立性その他販売行為において他の営業主体の営業と明確に区分されていること

(3) 経営基礎要件（酒税法10条10号）

　免許の申請者が破産手続開始の決定を受けて復権を得ていない場合のほか、その経営の基礎が薄弱であると認められる場合に該当しないこと

　具体的には、次により判定されます。
① 申請者が、次に該当しないこと
　a　現に国税または地方税を滞納している場合
　b　申請前1年以内に銀行取引停止処分を受けている場合
　c　最終事業年度における確定した決算に基づく貸借対照表の繰越損失が資本等の額（注）を上回っている場合
　d　最終事業年度以前3事業年度のすべての事業年度において資本等の額（注）の20％を超える額の欠損を生じている場合

(注)「資本等の額」とは、資本金、資本剰余金及び利益剰余金の合計額から繰越利益剰余金を控除した額をいいます。

　e　酒税に関係のある法律に違反し、通告処分を受け、履行していない場合または告発されている場合
　f　販売場の申請場所への設置が、建築基準法、都市計画法、農地法、流通業務市街地の整備に関する法律その他の法令または地方自治体の条例の規定に違反しており、店舗の除却または移転を命じられている場合
② 申請者が、次の要件を満たしていること
　a　経験その他から判断し、適正に酒類の卸売業を経営するに十分な知識及び能力を有すると認められる者またはこれらの者が主体となって組織する法人であること（**POINT3参照**）
　b　申請等販売場における年平均販売見込数量が、全酒類卸売業免許に係る申請等については100kl以上、ビール卸売業免許に係る申請等については50kl以上であること
　c　申請者は、月平均販売見込数量、月平均在庫数量、平均在庫

日数、平均売上サイト及びdに定める設備等を勘案して全酒類卸売業またはビール卸売業を経営するに十分と認められる所要資金等を有している者であること
d 申請者は、販売見込数量から勘案して適当と認められる店舗、倉庫、器具及び運搬車等の販売施設及び設備を有しまたは有することが確実と認められる者であること

全酒類卸売業免許及びビール卸売業免許の申請に必要な申請者の経歴

申請者等がおおむね次に掲げる経歴を有する者で、酒類に関する知識及び記帳能力等、酒類の卸売業を経営するに十分な知識及び能力を有し、独立して営業ができるものと認められる場合は、原則として、34ページ（3）経営基礎要件②aの要件を満たすものとして取り扱われています。

1 酒類の製造業もしくは販売業の業務に直接従事した期間が引き続き10年（これらの事業の経営者として直接業務に従事した者にあっては5年）以上である者、調味食品等の卸売業を10年以上継続して経営している者またはこれらの業務に従事した期間が相互に通算して10年以上である者。

※ 申請等販売場が沖縄県内にある場合の申請者等の経歴については、10年とあるのを3年と読み替えます。

2 酒類業団体の役職員として相当期間継続して勤務した者または酒類に関する事業及び酒類業界の実情に十分精通していると認められる者。

(4) 需給調整要件（酒税法10条11号）

　酒税の保全上酒類の需給の均衡を維持する必要があるため酒類の販売業免許を与えることが適当でないと認められる場合に該当しないこと

　全酒類卸売業免許及びビール卸売業免許については、それぞれの免許に係る販売場数と消費数量のそれぞれの地域的需給調整を行うために、都道府県を一単位とする卸売販売地域が設けられています。各卸売販売地域（都道府県）における免許可能件数は、毎年9月1日（土・日曜日の場合は翌月曜日）に卸売販売地域内の各税務署の掲示板等に公告するとともに、国税庁ホームページ（https://www.nta.go.jp『税の情報・手続・用紙／お酒に関する情報／酒類の免許／全酒類卸売業免許及びビール卸売業免許について』）に掲載されます。

【全酒類卸売販売場及びビール卸売販売場の免許可能件数の計算方法】

　全酒類卸売業免許及びビール卸売業免許の免許可能件数は、次の算式により計算します。

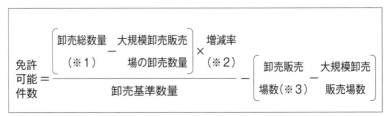

（※1）卸売総数量とは、卸売販売地域内に所在する卸売販売場の直近1年間における卸売販売数量（みなし休業場の卸売販売数量を除く）の合計をいいます。
（※2）増減率とは、卸売販売地域内における直近1年間の酒類消費数量のその前1年間の酒類消費数量に対する割合をいいます。
（※3）卸売販売場数とは、卸売販売地域内に所在する卸売販売場（休業場及びみ

なし休業場を除く）をいいます。
（注1） 免許可能件数は、小数点以下を切り捨てて計算します。ただし、全酒類卸売業免許については、卸売販売地域内に所在する全酒類卸売業者の販売場（直近1年間における卸売販売実績のない販売場を除く）の場数の100分の5を超える場合には、当該場数に100分の5を乗じて計算した数（小数点以下を四捨五入したもの）が上限になります。また、当分の間、免許可能場数が1に満たないときは免許可能場数は1になります。
（注2） ビール卸売業免許の免許可能件数の計算に当たっては、「卸売総数量」を「ビール卸売総数量」と、「大規模卸売販売場」を「大規模ビール卸売販売場」と、「卸売販売場数」を「ビール卸売販売場数」と、それぞれ読み替えてください。

●大規模卸売販売場及び休業場の判定基準・販売基準数量

	大規模卸売販売場の判定基準	休業場の判定基準	販売基準数量
全酒類卸売業免許	20,000kl 以上	100kl 未満	3,400kl
ビール卸売業免許	10,000kl 以上	50kl 未満	1,400kl

5　洋酒卸売業免許、店頭販売酒類卸売業免許、協同組合員間酒類卸売業免許及び自己商標酒類卸売業免許の要件

(1) 人的要件（酒税法10条1〜8号）

① 申請者が酒類等の製造免許もしくは酒類の販売業免許またはアルコール事業法の許可の取消処分を受けた者である場合には、取消処分を受けた日から3年を経過していること

② 申請者が酒類の製造免許もしくは酒類の販売業免許またはアルコール事業法の許可の取消処分を受けたことがある法人のその取消原因があった日以前1年内にその法人の業務を執行する役員であった者の場合には、その法人が取消処分を受けた日から3年を

経過していること
③　申請者が申請前2年内において国税または地方税の滞納処分を受けたことがないこと
④　申請者が国税または地方税に関する法令等に違反して、罰金の刑に処せられまたは通告処分を受けた者である場合には、それぞれ、その刑の執行を終わり、もしくは執行を受けることがなくなった日またはその通告の旨を履行した日から3年を経過していること
⑤　申請者が、二十歳未満ノ者ノ飲酒ノ禁止ニ関スル法律、風俗営業等の規制及び業務の適正化等に関する法律（20歳未満の者に対する酒類の提供に係る部分に限る。）、暴力団員による不当な行為の防止等に関する法律、刑法（傷害、現場助勢、暴行、凶器準備集合及び結集、脅迫または背任の罪）または暴力行為等処罰に関する法律の規定により、罰金刑に処せられた者である場合には、その執行を終わり、または執行を受けることがなくなった日から3年を経過していること
⑥　申請者が禁錮以上の刑に処せられ、その執行を終わった日または執行を受けることがなくなった日から3年を経過していること

（注）申請者が営業に関し成年者と同一の能力を有しない未成年者である場合はその法定代理人が、申請者または法定代理人が法人の場合はその役員が、また、申請販売場に支配人を置く場合はその支配人が、それぞれ、上記①、②、④、⑤及び⑥の要件を満たす必要があります。

(2) 場所的要件（酒税法10条9号）

正当な理由がないのに取締り上不適当と認められる場所に販売場を設けようとしていないこと
①　申請販売場が、製造免許を受けている酒類の製造場や販売業免許を受けている酒類の販売場、酒場または料理店等と同一の場所でないこと

② 申請販売場における営業が、販売場の区画割り、専属の販売従事者の有無、代金決済の独立性その他販売行為において他の営業主体の営業と明確に区分されていること

(3) 経営基礎要件（酒税法 10 条 10 号）

免許の申請者が破産手続開始の決定を受けて復権を得ていない場合のほか、その経営の基礎が薄弱であると認められる場合に該当しないこと

具体的には、次により判定されます。

① 申請者が、次に該当しないこと
  a 現に国税または地方税を滞納している場合
  b 申請前 1 年以内に銀行取引停止処分を受けている場合
  c 最終事業年度における確定した決算に基づく貸借対照表の繰越損失が資本等の額（注）を上回っている場合
  d 最終事業年度以前 3 事業年度の全ての事業年度において資本等の額（注）の 20％を超える額の欠損を生じている場合

(注)「資本等の額」とは、資本金、資本剰余金及び利益剰余金の合計額から繰越利益剰余金を控除した額をいいます。

  e 酒税に関係のある法律に違反し、通告処分を受け、履行していない場合または告発されている場合
  f 販売場の申請場所への設置が、建築基準法、都市計画法、農地法、流通業務市街地の整備に関する法律その他の法令または地方自治体の条例の規定に違反しており、店舗の除却または移転を命じられている場合
  g 申請販売場において、酒類の適正な販売管理体制が構築されないことが明らかであると見込まれる場合

② 申請者が、次の要件を満たしていること
  a 経験その他から判断し、適正に酒類の通信販売を行うため十分な知識、経営能力及び販売能力を有すると認められる者また

はこれらの者が主体となって組織する法人であること
（POINT4参照）
b　申請者等は、申請等販売場において酒類を継続的に販売するための所要資金を賄うに足りる所有資金等並びに必要な販売施設及び設備を有している者または所要資金を有し免許を付与するまでに販売施設及び設備を有することが確実と認められる者であること

POINT 4 洋酒卸売業免許、店頭販売酒類卸売業免許、協同組合員間酒類卸売業免許、自己商標酒類卸売業免許及び輸出入酒類卸売業免許の申請に必要な申請者の経歴

　申請者等がおおむね次に掲げる経歴を有する者で、酒類に関する知識及び記帳能力等、酒類の卸売業を経営するに十分な知識及び能力を有し、独立して営業ができるものと認められる場合は、原則として、40ページ（3）経営基礎要件②ａの要件を満たすものとして取り扱われています。

1　酒類の製造業もしくは販売業の業務に直接従事した期間が引き続き3年以上である者、調味食品等の販売業を3年以上継続して経営している者またはこれらの業務に従事した期間が相互に通算して3年以上である者。

2　酒類業団体の役職員として相当期間継続して勤務した者または酒類の製造業もしくは販売業の経営者として直接業務に従事した者等で酒類に関する事業及び酒類業界の実情に十分精通していると認められる者。

　なお、これらの従事経験や経営経験がない場合には、その他の業での経営経験に加え「酒類販売管理研修」の受講の有無等から、①酒類の特性に応じた商品管理上の知識及び経験、②酒税法上の記帳義務を含む各種義務を適正に履行する知識及び能力等、酒類の卸売業を経営するに十分な知識及び能力が備わっているかどうかが審査されます。

6　輸出入酒類卸売業免許の要件

(1) 人的要件（酒税法 10 条 1 ～ 8 号）

① 申請者が酒類等の製造免許もしくは酒類の販売業免許またはアルコール事業法の許可の取消処分を受けた者である場合には、取消処分を受けた日から 3 年を経過していること

② 申請者が酒類の製造免許もしくは酒類の販売業免許またはアルコール事業法の許可の取消処分を受けたことがある法人のその取消原因があった日以前 1 年内にその法人の業務を執行する役員であった者の場合には、その法人が取消処分を受けた日から 3 年を経過していること

③ 申請者が申請前 2 年内において国税または地方税の滞納処分を受けたことがないこと

④ 申請者が国税または地方税に関する法令等に違反して、罰金の刑に処せられまたは通告処分を受けた者である場合には、それぞれ、その刑の執行を終わり、もしくは執行を受けることがなくなった日またはその通告の旨を履行した日から 3 年を経過していること

⑤ 申請者が、二十歳未満ノ者ノ飲酒ノ禁止ニ関スル法律、風俗営業等の規制及び業務の適正化等に関する法律（20 歳未満の者に対する酒類の提供に係る部分に限る。）、暴力団員による不当な行為の防止等に関する法律、刑法（傷害、現場助勢、暴行、凶器準備集合及び結集、脅迫または背任の罪）または暴力行為等処罰に関する法律の規定により、罰金刑に処せられた者である場合には、その執行を終わり、または執行を受けることがなくなった日から 3 年を経過していること

⑥ 申請者が禁錮以上の刑に処せられ、その執行を終わった日または執行を受けることがなくなった日から 3 年を経過していること

(注) 申請者が営業に関し成年者と同一の能力を有しない未成年者である場合はその法定代理人が、申請者または法定代理人が法人の場合はその役員が、また、申請販売場に支配人を置く場合はその支配人が、それぞれ、上記①、②、④、⑤及び⑥の要件を満たす必要があります。

(2) 場所的要件（酒税法10条9号）

正当な理由がないのに取締り上不適当と認められる場所に販売場を設けようとしていないこと

① 申請販売場が、製造免許を受けている酒類の製造場や販売業免許を受けている酒類の販売場、酒場または料理店等と同一の場所でないこと

② 申請販売場における営業が、販売場の区画割り、専属の販売従事者の有無、代金決済の独立性その他販売行為において他の営業主体の営業と明確に区分されていること

(3) 経営基礎要件（酒税法10条10号）

免許の申請者が破産手続開始の決定を受けて復権を得ていない場合のほか、その経営の基礎が薄弱であると認められる場合に該当しないこと

具体的には、次により判定されます。

① 申請者が、次に該当しないこと
  a 現に国税または地方税を滞納している場合
  b 申請前1年以内に銀行取引停止処分を受けている場合
  c 最終事業年度における確定した決算に基づく貸借対照表の繰越損失が資本等の額（注）を上回っている場合
  d 最終事業年度以前3事業年度の全ての事業年度において資本等の額（注）の20％を超える額の欠損を生じている場合

(注)「資本等の額」とは、資本金、資本剰余金及び利益剰余金の合計額から繰越利益剰余金を控除した額をいいます。

  e 酒税に関係のある法律に違反し、通告処分を受け、履行していない場合または告発されている場合

  f 販売場の申請場所への設置が、建築基準法、都市計画法、農地法、流通業務市街地の整備に関する法律その他の法令または地方自治体の条例の規定に違反しており、店舗の除却または移転を命じられている場合

  g 申請販売場において、酒類の適正な販売管理体制が構築されないことが明らかであると見込まれる場合

② 申請者が、次の要件を満たしていること

  a 申請者等が、外国人である場合は住民基本台帳法に規定する住民票を有していること、また、外国法人である場合は日本において支店登記が完了していること

  b 申請者等は、経験その他から判断し、適正に酒類の卸売業を経営するに十分な知識及び能力を有すると認められる者またはこれらの者が主体となって組織する法人であること（41ページ **POINT4** 参照）

  c 一定の店舗を有していること

  d 契約等により酒類を輸出または輸入することが確実と認められること

  e 輸出酒類卸売業または輸入酒類卸売業を経営するに十分と認められる所要資金等を有していること

第3章

酒類小売業免許の申請手続等

　酒類販売業免許等の申請に当たっては、人的要件、場所的要件、経営基礎要件、需給調整要件などの様々な要件があります。この免許要件をすべてクリアできないと免許申請を受け付けてもらえませんので、第1部第2章「酒類販売業免許の申請要件」をよく読み申請しようとする酒類販売業免許の免許要件を満たしているかどうかを確認してください。

　また、免許申請には、酒類販売業免許申請書のほかに様々な添付書類が求められます。免許申請に必要な書類がすべて揃っているかどうかをあらかじめ確認しておくことも重要です。

　酒類販売業免許の申請手続は、「全酒類卸売業免許」及び「ビール卸売業免許」を申請する場合と、酒類小売業免許やその他の卸売業免許を申請する場合では手続きが少し異なりますので、ここでは酒類小売業免許の申請手続について説明し、酒類卸売業免許の申請手続きについては第4章で説明します。

1　申請書類の作成

　免許申請に当たっては、酒類販売業免許申請書のほかに様々な添付書類が求められます。必要書類を一覧表に示しておきましたので、表3-1及び表3-2の書類を確認の上、漏れなく準備してください。申請書の記入方法及び必要書類の入手方法や記入方法については、第2部で詳しく説明しますので、ここでは省略します。

なお、提出された申請書等は返却されませんので、必要な書類はコピーして取っておくようにしてください。

2　申請書類の提出

酒税法令で定められた事項を記入した酒類販売業免許申請書及び添付書類（以下「申請書等」という）の準備ができたら、免許を受けようとする販売場（以下「申請販売場」という）の所在地の所轄税務署長に提出します。申請書はいつでも提出できます。

●表 3-1　酒類小売免許申請書

申請書類の区分	小売業免許の区分	
	一般小売	通信販売
酒類販売業免許申請書	○	○
酒類販売業免許申請書（次葉1） （販売場の敷地の状況）	○	○
酒類販売業免許申請書（次葉2） （建物等の配置図）	○	○
酒類販売業免許申請書（次葉3） （事業の概要）	○	○
酒類販売業免許申請書（次葉4） （収支の見込）	○	○
酒類販売業免許申請書（次葉5） （所要資金の額及び調達方法）	○	○
酒類販売業免許申請書（次葉6） （「酒類の販売管理の方法」 に関する取り組み計画書）	○	○

●表 3-2　酒類小売業免許申請に必要な添付書類

添付書類の区分	小売業免許の区分	
	一般小売	通信販売
酒類販売業免許の免許要件誓約書	○	○
申請者（役員全員）の履歴書	○	○
定款の写し（法人の場合）	○	○
賃貸借契約書等の写し	○	○
建物の使用承諾書	○※1	○※1
都道府県の納税証明書	○	○
市区町村の納税証明書	○※2	○※2
直近3年分の財務諸表・収支計算書	○※3	○※3
建物の全部事項証明書	○	○
土地の全部事項証明書	○	○
銀行の残高証明書	○	○
仕入先の取引承諾書	○	○
製造数量が3000kl未満であることの証明書	－	○※4
HPまたはカタログ等のサンプル	－	○
販売する酒類に関する資料		△
酒類販売管理研修の受講証	○	○
申請書類チェック表	○	○

※1　親会社の借りている事務所を又貸し（または同居）する場合等に必要です。
※2　東京都特別区（23区内）の場合には、市区町村の証明書は必要ありません。
※3　過去3年分の確定申告書を税務署に提出している場合には添付を省略することができます。
※4　通信販売で国産酒類を販売する場合に必要です。

3　申請書の審査

　提出された申請書は、税務署において酒類指導官が、受付順に申請書等の内容に不備がないか、申請者等及び申請販売場が販売業免許の要件に合致しているかなどについて審査を行います（次ページPOINT5参照）。

免許審査の過程で、申請者や酒類販売管理者に選任を予定している方が説明を求められるなど、現地確認が行われる場合があります。また、申請書等の提出後に決算期が到来し最新の財務諸表の内容を確認する必要がある場合など、追加的に書類の提出を求められる場合もあります。

　なお、免許の審査に当たっては、審査手続の実効性を確保する観点から小売酒販組合に対して意見を聴取する場合がありますが、意見聴取の結果が免許付与に影響を及ぼすことはほとんどありません。

　申請書類の審査には、約2か月かかります。ただし、提出された書類の補正等を求められた場合には、補正等が完了した日から2か月になりますので注意してください（POINT6参照）。

POINT5　酒類指導官とは

　酒類販売業免許の申請は、申請販売場の所在地を所轄する税務署長に対して行いますが、提出した申請書の審査は、酒類指導官が行います。

　酒類指導官は、酒税や酒類販売業免許に関する相談や審査を担当する専門職で、特定の税務署に設置され、複数の税務署を担当しています。

　すべての税務署に常駐しているわけではありませんので、免許に関する相談をされる場合には、申請先の税務署ではなく酒類指導官が設置されている税務署に相談してください。

　酒類指導官が設置されている税務署及び担当する税務署（対象税務署）については、巻末の260ページ「酒類指導官設置税務署一覧」をご確認ください。

> **POINT 6** 酒類販売業免許の取扱官庁
>
> 　酒類販売業免許の審査は、原則として税務署の酒類指導官が行いますが、次の場合には、上級官庁に上申してその指示により処理することになっています。
> 1 　国税局に上申が必要なもの（審査期間は4か月）
> 　　酒類販売代理業免許、酒類販売媒介業免許の付与または税務署長において酒類の販売業免許の付与もしくは移転の許可の可否判定が困難であるもの
> 2 　国税庁長官に上申が必要なもの（審査期間は6か月）
> 　　異例または特殊な販売業免許で国税局長が特に免許の付与を適当と認めたもの

4　免許付与等の通知

　審査の結果、免許が付与される場合には、申請者に対して「酒類販売業免許通知書」という文書で通知されます。また、付与できない場合についても、その旨が書面で通知されます。
　免許通知書には、免許者の氏名または名称、免許年月日、免許通知書の文書番号、販売場の所在地、免許の条件（販売方法、販売できる酒類の範囲など）が記載されています。

5　登録免許税の納付

　酒類販売業免許が付与される場合、登録免許税を納付する必要があります。税務署から「酒類販売業免許に伴う登録免許税の納付通知書」という文書で通知がありますので、税務署または金融機関等

で登録免許税を納付してください。登録免許税の額は、酒類小売業免許については免許1件につき3万円です。

　登録免許税の納付を済ませたら、登録免許税の領収証書の原本を税務署から送付される「登録免許税の領収証書提出書」に貼付して、指定された期日までに税務署長に提出してください。領収書の控えが必要な場合には、領収書の写しを保存しておいてください。

6　酒類販売管理者の選任

　酒類小売業免許を受けた場合には、酒類販売業を開始するときまでに「酒類販売管理者」を選任し、2週間以内に免許を受けた税務署に「酒類販売管理者選任届出書」を提出しなければなりません。酒類販売管理者を選任しなかった場合には、酒税の保全及び酒類業組合等に関する法律の規定により、50万円以下の罰金に処されることになっています（**POINT7**参照）。

7　酒類販売業免許者の氏名等の公表

　国税庁では、販売業免許の付与等を行った場合には、その免許者について①免許等年月日、②申請等年月日、③免許者の氏名または名称及び法人番号、④販売場の所在地、⑤免許等種類（卸小売の区分等）、⑥処理区分（新規、移転等）について、免許を受けた日の翌月末から公表しています。

　これらの情報は、国税庁ホームページ（https://www.nta.go.jp『税の情報・手続・用紙／お酒に関する情報／酒類の免許／免許の新規取得者名等一覧』）に掲載されます。

POINT 7　酒類販売管理者とは

1　酒類小売業者は、酒類の販売業務を開始する時までに、酒類販売管理者を選任し、2週間以内に、その旨を所轄税務署長に届け出なければなりません。酒類販売管理者を選任しなかった場合には、酒税法の規定により、50万円以下の罰金に処されることになっています。

2　酒類販売管理者は、次の条件を満たしている者の中から選任しなければなりません。

(1)　酒類の販売業務に従事する者
(2)　過去3年以内に酒類販売管理研修を受けた者
(3)　次の①〜③に該当しない者
　①　未成年者
　②　精神の機能の障害により酒類販売管理者の職務を適正に行うに当たって必要な認知、判断及び意思疎通を適切に行うことができない者
　③　酒税法第10条第1号、第2号または第7号から第8号までの規定に該当する者
(4)　酒類小売業者に引き続き6か月以上の期間継続して雇用されることが予定されている者（酒類小売業者と生計を一にする親族及び雇用期間の定めのない者を含む）
(5)　他の販売場において酒類販売管理者に選任されていない者

3　酒類販売管理者の役割

　酒類販売管理者は、酒類の小売業または販売業務に従事する使用人等に対して、これらの者が酒類販売業務に関する法令を遵守してその業務を行えるよう、必要な助言や指導を行います。

　酒類小売業者は、酒類販売管理者の助言を尊重しなければなりません。

第4章

酒類卸売業免許の申請手続等

1　申請書類の作成

　免許申請に当たっては、酒類販売業免許申請書のほかに様々な添付書類が求められます。必要書類を一覧表に示しておきましたので、表4-1から表4-6の書類を確認の上、漏れなく準備してください。申請書の記入方法及び必要書類の入手方法や記入方法については、第2部で詳しく説明しますので、ここでは省略します。

　なお、提出された申請書等は返却されませんので、必要な書類はコピーして取っておくようにしてください。

2　「全酒類卸売業免許」及び「ビール卸売業免許」の申請手続

(1) 免許可能件数の公表

　全酒類卸売業免許及びビール卸売業免許については、各免許年度の免許可能件数が卸売販売地域（原則として都道府県）ごとに算定され、各免許年度の免許可能件数が、毎年9月1日（土・日曜日の場合は翌月曜日）に卸売販売地域内の各税務署において公告されるとともに、国税庁ホームページ（https://www.nta.go.jp『税の情報・手続・用紙／お酒に関する情報／酒類の免許／全酒類卸売業免許及びビール卸売業免許について』）にも掲載されます。

全酒類卸売業免許及びビール卸売業免許の免許可能件数の計算式は、36ページを確認してください。

(2) 申請書類の提出

申請書はいつでも受け付けてもらえますが、一定の申請期間内（通常は9月中）に提出された申請等について、原則として公開抽選を行って審査順位を決定し、審査順位に従って審査が行われます。したがって、10月以降に申請等を行った場合には、抽選対象申請書等に対して免許を付与した後、免許可能件数が残っている場合に限り、免許審査が行われることになります。

なお、7月1日から8月31日までに提出した申請等については、同年9月1日に受理したものとして取り扱われます。そのため、受理した時点で、免許可能件数が残っている場合であっても、翌免許年度の免許可能件数によって免許を付与等することになっていますので注意してください。

全酒類卸売業免許及びビール卸売業免許の申請については、新規の免許申請者だけでなく、当該卸売業免許の移転許可申請及び当該卸売業免許への条件緩和の申出も抽選の対象になりますので、以下この章では、これらをまとめて「申請者等」といいます。

(3) 申請時（公開抽選前）に提出する申請書類

当初の申請時に提出する書類は次ページ表4-1及び表4-2のとおりです。

● 表4-1　全酒類卸売業免許及びビール卸売業免許の申請時に提出する申請書

申請書類の区分	卸売業免許の区分	
	全酒類卸	ビール卸
酒類販売業免許申請書	○	○
酒類販売業免許申請書（次葉1）（販売場の敷地の状況）	○	○
酒類販売業免許申請書（次葉2）（建物等の配置図）	○	○

● 表4-2　全酒類卸売業免許及びビール卸売業免許の申請時に提出する添付書類

添付書類の区分	卸売業免許の区分	
	全酒類卸	ビール卸
定款の写し（法人の場合）	○	○
申請書類チェック表	○	○

(4) 公開抽選の実施（審査順位の決定）

① 公開抽選実施日時等の通知

抽選対象申請期間が終了した後（10月初旬）に「全酒類（ビール）卸売業免許抽選実施通知書」により、公開抽選の実施日時及び抽選会場が通知されます。この通知書は、抽選会場入場券を兼ねていますので、必ず抽選会場に持って行ってください。

② 公開抽選の実施

抽選は、抽選の公平を確保するため国税局（税務署）の職員以外の第三者が立ち会って公開で行われます。

また、抽選機の操作は、国税局（税務署）の職員または抽選人（国税局長（税務署長）が選任した者）が行います。申請者等は公開抽選時に抽選機の操作は行いませんので、抽選会場に行くことができなくても抽選結果に影響することはありません。

③ 審査順位の決定

審査順位は抽選に基づいて決定されます。審査順位はすべての申請者等に対し、公開抽選実施後速やかに文書で通知されます。

(5) 審査時（公開抽選後）に提出する申請書類

公開抽選により決定した審査順位がその卸売販売地域の免許可能件数の範囲内となった申請者等については、審査開始通知の日から2週間以内に審査時提出分の書類を税務署長に提出します。税務署長が指定した期限までに審査時提出分の書類の提出がない場合には、後順位の申請書等が先に審査されることがあります。

公開抽選により決定した審査順位が、その卸売販売地域の免許可能件数の範囲内に入らなかった申請者等については、追加書類を提出する必要はありません。ただし、事後的な理由によって、免許可能件数の範囲内となった場合には、改めて税務署から連絡がありますので、その時に審査時提出分の書類を提出してください。

また、審査順位が免許可能件数の範囲外となった申請者等について、新規免許等の付与件数が免許可能件数に達したことにより免許の付与等ができないことが確定した場合は、その旨が書面で通知されます。

審査時に提出する書類は表4-3及び表4-4のとおりです。

●表4-3　全酒類卸売業免許及びビール卸売業免許の審査時に提出する申請書

申請書類の区分	卸売業免許の区分	
	全酒類卸	ビール卸
酒類販売業免許申請書（次葉3） （事業の概要）	○	○
酒類販売業免許申請書（次葉4） （収支の見込）	○	○
酒類販売業免許申請書（次葉5） （所要資金の額及び調達方法）	○	○

●表 4-4　全酒類卸売業免許及びビール卸売業免許の審査時に提出する添付書類

添付書類の区分	卸売業免許の区分	
	全酒類卸	ビール卸
酒類販売業免許の免許要件誓約書	○	○
申請者（役員全員）の履歴書	○	○
賃貸借契約書等の写し	○	○
建物の使用承諾書	○※1	○※1
都道府県の納税証明書	○	○
市区町村の納税証明書	○※2	○※2
直近3年分の財務諸表・収支計算書	○※3	○※3
建物の全部事項証明書	○	○
土地の全部事項証明書	○	○
銀行の残高証明書	○	○
仕入先の取引承諾書	○	○
販売先の取引承諾書	○	○
申請書類チェック表	○	○

※1　親会社の借りている事務所を又貸し（または同居）する場合に必要です。
※2　東京都特別区（23区内）の場合には、市区町村の証明書はありません。
※3　過去3年分の確定申告書を税務署に提出している場合には添付を省略することができます。

(6) 申請書類の審査

　申請書は、酒類指導官が公開抽選により決定した審査順位に従い、申請書等の内容に不備がないか、申請者等及び申請販売場が販売業免許の要件に合致しているかなどの点について審査を行います。必要に応じて、申請者等に来署を求める場合や現地確認を行う場合があります。
　また、申請書等の提出後に決算期が到来し最新の財務諸表の内容を確認する必要がある場合など、追加的に書類の提出を求められる場合があります。
　なお、免許の審査に当たって、酒販組合から意見を聴取すること

がありますが、意見聴取の結果が免許付与に影響を及ぼすことはほとんどありません。

　審査を開始する際には文書により審査開始日が通知されますが、申請書類の審査には、審査を開始した日から約2か月かかります。

(7) 免許付与等の通知

　審査の結果、免許が付与される場合には、申請者等に対して「酒類販売業免許通知書」という文書で通知されます。また、免許が付与できない場合についても、その旨が書面で通知されます。

　免許通知書には、免許者の氏名または名称、免許年月日、免許通知書の文書番号、販売場の所在地、免許の条件（販売方法、販売できる酒類の範囲など）が記載されています。

(8) 登録免許税の納付

　酒類販売業免許が付与される場合、登録免許税を納付する必要があります。税務署から「酒類販売業免許に伴う登録免許税の納付通知書」という文書で通知がありますので、税務署または金融機関等で登録免許税を納付してください。登録免許税の額は、酒類卸売業免許については免許1件につき9万円です。

　登録免許税の納付を済ませたら、登録免許税の領収証書の原本を税務署から送付される「登録免許税の領収証書提出書」に貼付して、指定された期日までに税務署長に提出してください。領収書の控えが必要な場合には、領収書の写しを保存しておいてください。

(9) 酒類販売業免許者の氏名等の公表

　国税庁では、販売業免許の付与等を行った場合には、その免許者について、①免許等年月日、②申請等年月日、③免許者の氏名または名称及び法人番号、④販売場の所在地、⑤免許等種類（卸小売の区分、全酒類、ビール、洋酒、輸入卸の区分等）、⑥処理区分（新規、

移転等）について、免許を受けた日の翌月末から公表しています。これらの情報は、国税庁ホームページ（https://www.nta.go.jp 『税の情報・手続・用紙／お酒に関する情報／酒類の免許／免許の新規取得者名等一覧』）に掲載されます。

3 「全酒類卸売業免許」及び「ビール卸売業免許」以外の酒類卸売業免許の申請手続

全酒類卸売業免許及びビール卸売業免許以外の酒類卸売業免許の申請手続は、おおむね酒類小売業免許の申請手続と同様ですので、第3章を確認してください。

提出書類及び登録免許税については、酒類小売業免許の場合と異なりますのでここに説明します。

(1) 申請時に提出する書類

●表4-5　全酒類卸売業免許及びビール卸売業免許以外の酒類卸売業免許の申請書

申請書類の区分	卸売業免許の区分	
	洋酒卸等	輸出入酒類卸
酒類販売業免許申請書	○	○
酒類販売業免許申請書（次葉1）（販売場の敷地の状況）	○	○
酒類販売業免許申請書（次葉2）（建物等の配置図）	○	○
酒類販売業免許申請書（次葉3）（事業の概要）	○	○
酒類販売業免許申請書（次葉4）（収支の見込）	○	○
酒類販売業免許申請書（次葉5）（所要資金の額及び調達方法）	○	○

●表 4-6　全酒類卸売業免許及びビール卸売業免許以外の酒類卸売業免許の添付書類

添付書類の区分	卸売業免許の区分	
	洋酒卸等	輸出入酒類卸
酒類販売業免許の免許要件誓約書	○	○
申請者（役員全員）の履歴書	○	○
定款の写し（法人の場合）	○	○
賃貸借契約書等の写し	○	○
建物の使用承諾書	○※1	○※1
都道府県の納税証明書	○	○
市区町村の納税証明書	○※2	○※2
直近3年分の財務諸表・収支計算書	○※3	○※3
建物の全部事項証明書	○	○
土地の全部事項証明書	○	○
銀行の残高証明書	○	○
仕入先の取引承諾書	○	○※4
販売先の取引承諾書	○	○
販売する酒類に関する資料	△	△
酒類販売管理研修の受講証	△※5	△※5
申請書類チェック表	○	○

※1　親会社の借りている事務所を又貸し（又は同居）する場合に必要です。
※2　東京都特別区（23区内）の場合には、市区町村の証明書はありません。
※3　過去3年分の確定申告書を税務署に提出している場合には添付を省略することができます。
※4　仕入先である輸出者の取引承諾書が必要です。
※5　申請者に十分な酒類販売の経験があり、酒類販売管理研修を受講する必要がない場合は提出不要です。

(2) 登録免許税の納付

　酒類販売業免許が付与される場合、登録免許税を納付する必要があります。税務署から「酒類販売業免許に伴う登録免許税の納付通知書」という文書で通知がありますので、税務署または金融機関等で登録免許税を納付してください。登録免許税の額は、酒類卸売業

免許については免許1件につき9万円です。

　登録免許税の納付を済ませたら、登録免許税の領収証書の原本を税務署から送付される「登録免許税の領収証書提出書」に貼付して、指定された期日までに税務署長に提出してください。領収書の控えが必要な場合には、領収書の写しを保存しておいてください。

(3) その他

　酒類卸売業免許の場合には、「酒類販売管理者」を選任する必要はありません。ただし、申請者の経歴として、酒類販売管理研修の受講が必要な場合には、申請時に「酒類販売管理研修の受講証」の写しを提出する必要があります。

第5章
酒類販売業免許の条件緩和の申出手続等

　現在付与されている酒類販売業免許の免許条件の緩和（販売する酒類の品目の範囲の拡大または販売方法の変更）を受けようとする場合は、酒類販売場の所在地を所轄する税務署長に酒類販売業免許の免許条件を緩和してもらう必要があります。

　酒類販売業免許の条件緩和の申出に当たっては、条件緩和後の酒類販売業免許の人的要件、場所的要件、経営基礎要件、需給調整要件を満たしている必要があります。

　特に全酒類卸売業免許及びビール卸売業免許（以下この章では「全卸等免許」という）への条件緩和を受ける場合には、現在付与されている免許の免許要件と経営基礎要件などの免許要件が異なりますので特に注意が必要です。具体的には、次の点が異なりますので、全卸等免許の要件（第1部第2章32ページ参照）を確認してください。

① 経営基礎要件

　　全卸等免許については、申出者（法人の場合にはその役員）が、酒類の製造業もしくは酒類販売業の業務に経営者として直接従事した期間が引き続き5年以上あること。酒類販売管理研修を受講していても5年以上の業務経験がないと全卸等免許への条件緩和の申出はできません。

　　また、申出販売場における年平均販売見込数量（卸売基準数量）が、全酒類卸売業免許については100kl以上、ビール卸売業免許については50kl以上であること。

② 需給調整上の要件

全卸等免許については、販売地域（都道府県）ごとに各年度の免許可能件数が決められており、その免許可能件数の範囲内で免許（移転許可及び条件緩和を含む）が付与されます。免許申請の審査順位は抽選によって決定され、抽選順位に従って審査が行われます。

1　条件緩和の申出書の作成

条件緩和の申出に当たっては、「酒類販売業免許の条件緩和申出書」のほかにいくつかの添付書類が求められます。必要書類を一覧表に示しておきましたので、表5-1及び表5-2に示した書類を確認の上、漏れなく準備してください。申請書の記入方法及び必要書類の入手方法や記入方法については、第2部第4章で詳しく説明しますので、ここでは省略します。

なお、提出された申出書等は返却されませんので、必要な書類はコピーして取っておくようにしてください。

2　申出書類の提出

酒税法令で定められた事項を記入した酒類販売業免許の条件緩和申出書及び添付書類の準備ができたら、免許を受けようとする販売場（以下「申請販売場」という）の所在地の所轄税務署長に提出します。

●表 5-1　酒類販売業免許の条件緩和申出書及び次葉

申請書類の区分	酒類の範囲	酒類の範囲以外（追加する販売方法等）			
		一般小売	通信販売	全酒卸・ビール卸	洋酒卸・輸入卸等
酒類販売業免許条件緩和申出書	○	○	○	○	○
酒類販売業免許申請書（次葉2）（建物等の配置図）	—	○	○	○	○
酒類販売業免許申請書（次葉3）（事業の概要）	—	○	○	○	○
酒類販売業免許申請書（次葉4）（収支の見込）	—	—	—	○	—
酒類販売業免許申請書（次葉5）（所要資金の額及び調達方法）	—	○	○	○	○
酒類販売業免許申請書（次葉6）（「酒類の販売管理の方法」に関する取組計画書）	—	○	○	—	—

●表 5-2　酒類販売業免許の条件緩和申出に必要な添付書類

添付書類の区分	酒類の範囲	酒類の範囲以外（追加する販売方法等）			
		一般小売	通信販売	全酒卸・ビール卸	洋酒卸・輸入卸等
酒類販売業免許の免許要件誓約書	○	○	○	○	○
銀行の残高証明書	—	○	○	○	○
仕入先の取引承諾書	○※1	○	○※1、2	—	○※2
販売先の取引承諾書	—	—	—	○	○
課税移出数量が3,000kl 未満であことの証明書	○※1	○	○※1	—	—
ＨＰまたはカタログ等のサンプル	—	—	○※3	—	—
販売する酒類に関する資料	△	△	△	—	△
酒類販売管理研修受講証	—	△※4	△※4	—	—
酒類販売管理者選任届出書	—	△※4	△※4	—	—
申請書類チェック表	—	△※5	△※5	○※6	△※5

※1　通信販売業者が新たに国産酒類を取扱う場合または新たに通信販売免許に条件緩和をして国産酒類を取扱う場合に必要です。

※2　新たに自己輸入酒類を取扱う場合は、仕入先である輸出者の取引承諾書が必要です。

※3 新たに通信販売を行う場合は、カタログやネットショップのWEBサイトのサンプルが必要です。
※4 新たに小売販売を行う場合は、酒類販売管理研修受講証及び酒類販売管理者選任届出書が必要です。
※5 チェック表の様式は定められていませんが、筆者は条件緩和を受ける酒類販売業免許申請用のチェック表を使用しています。
※6 「酒類販売業免許の条件緩和解除申出書チェック表その1」（抽選前）及び「酒類販売業免許の条件緩和解除申出書チェック表その2」（抽選後）を使用します。

3　申出書の審査

　提出された申出書は、税務署において、酒類指導官が、受付順に、申出書等の内容に不備がないか、申出者等及び申出販売場が販売業免許の要件に合致しているかなどの点について審査を行います。なお、全卸等免許への条件緩和の場合は、提出順に審査を行うのではなく、9月中に提出された申出書は全卸等免許の新規免許の申請書及び移転許可申請書と一緒にすべて同順位として、審査順位の抽選が行われます。

　申出書類の審査には、酒類指導官が審査に着手してから約2か月かかります。ただし、提出された書類の補正等を求められた場合には、補正等が完了した日から2か月になりますので注意してください。

4　免許条件の緩和等の通知

　審査の結果、免許条件が緩和される場合には、申出者に「酒類販売業免許の条件緩和通知書」という文書で通知されます。また、条件緩和できない場合についても、その旨が書面で通知されます。

　酒類販売業免許の条件緩和通知書には、免許者の氏名または名称、条件緩和の年月日、通知書の文書番号、販売場の所在地、条件緩和後の免許の条件（販売方法、販売できる酒類の範囲など）が記載さ

れています。

5 登録免許税の納付

　酒類販売業免許の条件が酒類小売業免許から酒類卸売業免許に緩和された場合は、登録免許税を納付する必要があります。税務署から「酒類販売業免許の条件緩和に伴う登録免許税の納付通知書」という文書で通知がありますので、税務署または金融機関等で登録免許税を納付してください。登録免許税の額は、酒類小売業免許と酒類卸売業免許の差額の6万円です。

　登録免許税の納付を済ませたら、登録免許税の領収証書の原本を税務署から送付される「登録免許税の領収証書提出書」に貼付して、指定された期日までに税務署に提出しなければなりません。領収書の控えが必要な場合には、領収書の写しを保存しておいてください。

6 酒類販売管理者の選任

　現在付与されている酒類卸売業免許に酒類小売業免許（一般酒類小売業免許または通信販売酒類小売業免許）の条件が追加された場合は、申出者は酒類小売業を開始するときまでに、「酒類販売管理者」を選任し、2週間以内に、条件緩和を受けた税務署長に「酒類販売管理者選任届出書」を提出しなければなりません。

　酒類販売管理者を選任しなかった場合には、酒税の保全及び酒類業組合等に関する法律の規定により、50万円以下の罰金に処されることになっています。

7 酒類販売業免許者の氏名等の公表

　国税庁では、酒類販売業免許の付与等（酒類販売業免許の条件緩

和を含む）を行った場合には、その免許者について、①免許等年月日、②申請等年月日、③免許者の氏名または名称及び法人番号、④販売場の所在地、⑤免許等種類（卸小売の区分等）、⑥処理区分（新規、移転等）について、免許を受けた日の翌月末から公表しています。

　これらの情報は、国税庁ホームページ（https://www.nta.go.jp『税の情報・手続・用紙／お酒に関する情報／酒類の免許／免許の新規取得者名等一覧』）に掲載されます。

第6章

酒類販売業者の義務及び免許取得後に必要な手続き

1　酒税法上の義務

　酒類販売業者には、酒税法の規定により、次のような義務が課されています。これらの義務を履行しない場合には、1年以下の懲役または50万円以下の罰金に処されることになっています。

(1) 記帳義務

　酒類販売業者は、酒類の仕入、販売に関し次の事項を帳簿に記載しなければなりません。帳簿の様式は定められていませんので、適宜の様式で構いません。

　税務署の職員が検査取締上必要と認めた場合には、仕入、販売に関する帳簿を検査することがあります。

① 　仕入に関する事項

　　酒類の品目別及び税率の適用区分別（アルコール分別等）に、仕入数量、仕入価格、仕入年月日、仕入先の住所及び氏名または名称を記帳します。

② 　販売に関する事項

　　酒類の品目別及び税率の適用区分別（アルコール分別等）に、販売数量、販売価格、販売年月日、販売先の住所及び氏名または名称を記帳します。

（注）酒類小売業者の場合には、販売先の住所及び氏名または名称は省略することができます。また、次の事項を厳守する場合には、販売数量、販売年月

日について、3か月を超えない期間の合計数量により一括して記帳することができます。
(1) 仕入れた酒類の全部について、上記の仕入に関する事項がすべて記載された伝票を仕入先から交付を受け、それを5年以上保存しておくこと
(2) 3か月を超えない月の月中(当該月が会計年度の最終月に当たる場合はその月末)において実地棚卸を行うこと

③ 帳簿の備付場所及び保存期間

　酒類販売業者が作成する帳簿は、その販売場ごとに常時備え付けておき、帳簿閉鎖後5年間保存しておく必要があります。

(2) 酒類販売数量等の報告

　酒類販売業者は、毎年度「4月1日から翌年3月31日までの酒類販売数量」及び「4月1日現在の20歳未満の者の飲酒防止に関する表示基準の実施状況等」について、翌年の4月30日までに販売場等の所在地の所轄税務署長に対して報告を行わなければなりません。

〔報告様式〕
・酒類の販売数量等報告書・・・CC1-5604
・「二十歳未満の者の飲酒防止に関する表示基準」の実施状況等報告書・・・CC1-3007

(3) 住所・名称等の異動申告

　酒類販売業者は、住所、名称、酒類販売場の名称等次の事項に変更があった場合には、販売場の所在地の所轄税務署長に対して、直ちに(事由が生じた後すぐに)異動申告を行わなければなりません。

① 酒類販売業者の住所
② 酒類販売業者の氏名または名称
③ 酒類販売場の名称
④ 酒類販売業者の役員、支配人、法定代理人等
⑤ 百貨店等の店舗内における販売場の位置の異動

⑥ 酒類販売業者の組織変更

（注）販売場を他の場所に移動する場合には、この異動申告書ではなく所轄税務署長の許可を受ける必要があります。

〔申告様式〕
　・異動申告書・・・CC1-5612

(4) 酒類販売場の休止等の申告

　酒類販売業者は、酒類の販売業を休止する場合または再開する場合には、販売場の所在地の所轄税務署長に対して、遅滞なく（事由が生じた後できる限り早く）異動申告を行わなければなりません。

〔申告様式〕
　・酒類販売業休止・開始（異動）申告書・・・CC1-5607

(5) 酒類蔵置所（酒類倉庫）設置報告

　酒類販売業者は、免許を受けた販売場と異なる場所に酒類の貯蔵のための倉庫等を設ける場合またはその倉庫等を廃止する場合には、販売場の所在地の税務署長に対して、あらかじめ酒類蔵置所の設置（廃止）報告を行わなければなりません。

〔報告様式〕
　・酒類蔵置所設置・廃止報告書・・・CC1-5156

（注）免許を受けていない倉庫等で酒類の販売契約の締結（受注行為）を行うことはできません。

(6) 酒類の販売先等の報告

　酒類販売業者は、販売場の所在地の所轄税務署長から、酒類の販売先（酒場、料理店等）の住所、氏名または名称の報告を求められた場合には、酒類の販売先等の報告を行わなければなりません。

〔報告様式〕
　・酒類の販売先等報告書・・・CC1-5605

(7) 酒類の詰め替えを行う場合の届出

　酒類販売業者は、酒類の販売場等で酒類の詰め替えを行う場合には、詰め替えを行う2日前までに、酒類の詰め替えを行う場所の所在地の所轄税務署長に酒類の詰め替えを行う旨の届出をしなければなりません（POINT8参照）。
〔届出様式〕
　　・酒類の詰替え届出書・・・CC1-5428
　　・表示方法届出書・・・CC1-7101

 酒類の「詰め替え」と「量り売り」

　酒類販売業者等が、酒類の「詰め替え」を行う場合には、詰め替えを行う2日前までに、詰め替えを行う場所の所在地の所轄税務署長に「酒類の詰替え届出書」を提出しなければなりません。「詰め替え」というのは、酒類販売業者等が仕入れた酒類をあらかじめ別の容器に小分けなどして販売する行為をいいます。

　これに類似した行為に「量り売り」がありますが、「量り売り」は、酒類の購入者があらかじめ用意した容器に、購入者の希望する酒類を、希望する量だけ販売する行為をいい、販売する酒類の販売業免許を有していれば、特に手続き等は必要ありません。

　「詰め替え」に該当する場合には、上記の「酒類の詰替えの届出書」のほかに、「表示方法届出書」を提出し、詰め替え容器の見やすい場所に、その販売業者の住所・氏名または名称、詰め替え場所の所在地、容器の容量、詰め替え酒類の品目等を容易に認識できる方法で表示する必要があります。

> **コラム** 直ちに、速やかに、遅滞なくの違い

「直ちに」、「速やかに」、「遅滞なく」は、いずれも時間的即時性を表しますが、法律用語としては使い分けがなされています。

最も時間的即時性が強く求められるのが「直ちに」で、次が「速やかに」、そして最も即時性の弱いのが「遅滞なく」であると考えられています。

「直ちに」は、「即時に」、「すぐに」、という意味で使われ、いかなる理由をもってしても遅れてはならないというニュアンスがあるようです。

「速やかに」は、「可能な限り早く」との意味合いで訓示的に使われることが多いようです。法的拘束力はそれほど強くはなく、速やかに行われなかったとしても違法ということにはなりません。「できる限り急いでくださいね」というニュアンスで使われることが多いようです。

「遅滞なく」は、「事情の許す限りはやく」というニュアンスで使われます。正当な理由または合理的な理由による遅れは許されると考えられているようです。

2 免許取得後における免許に関する各種手続

酒類販売業免許を受けてから、次の事由等が生じる場合、以下の手続きを行う必要があります。

(1) 酒類販売場を移転しようとする場合

酒類販売業者が、酒類販売場を移転しようとする場合には、あらかじめ移転前の販売場の所在地の所轄税務署長を経由して、移転先の販売場の所在地の所轄税務署長に「酒類販売場移転許可申請書」を提出し、販売場の移転許可を受けなければなりません。
〔申請様式〕
　・酒類販売場移転許可申請書・・・CC1-5126

(2) 酒類販売場を廃止しようとする場合

酒類販売業者が、酒類販売場を廃止しようとする場合には、販売場の所在地の所轄税務署長に「酒類販売業免許取消申請書」を提出しなければなりません。
〔申請様式〕
　・酒類販売業免許取消申請書・・・CC1-5136

(3) 酒類販売業を相続しようとする場合

酒類販売業者に相続が発生し、相続人が引き続き酒類販売業を継続しようとする場合には、販売場の所在地の所轄税務署長に「酒類販売業相続申告書」を提出しなければなりません。
〔申告様式〕
　・酒類販売業相続申告書・・・CC1-5131

(4) 酒類販売業を承継しようとする場合

　酒類販売業者に事業譲渡が発生し、譲受人が引き続き酒類販売業を継続しようとする場合には、販売場の所在地の所轄税務署長に「酒類販売業事業譲渡申告書」を提出しなければなりません。
〔申告様式〕
　　・酒類販売業事業譲渡申告書　・・・CC1-5131-2

(5) 酒類販売業者が法人成り等をしようとする場合

　酒類販売業者が次のような営業主体の人格の変更等を行い、変更後の法人が事業を引き継いで酒類販売業をしようとする場合には、販売場の所在地の所轄税務署長に当該法人に係る酒類販売業免許の申請をして免許を受けなければなりません。この場合、現在有している酒類販売業免許については、同時に取消申請をしなければなりません。

① 　法人成り
　　酒類販売業者である個人が主体となって法人を設立する場合または酒類販売業者等である2以上の個人が合同して法人を設立する場合
② 　法人が酒類販売業者である法人と合併する場合または法人と酒類販売業者である法人が合併して法人を新設する場合
③ 　会社分割
　　酒類販売業者である法人が会社を分割し、その営業の全部もしくは一部を分割後の法人に承継させる場合

〔申請様式〕
　　・酒類販売業免許申請書　・・・CC1-5104
　　・酒類販売業免許取消申請書　・・・CC1-5136

3 酒類業組合法上の義務

　酒類小売業者には、酒税の保全及び酒類業組合等に関する法律(以下「酒類業組合法」という)の規定により、次のような義務が課されています。

(1) 酒類販売管理者選任義務

　酒類小売業者は、販売場ごとに酒類の販売業務を開始する時までに、「酒類販売管理者」を選任しなければなりません。酒類販売管理者を選任しなかった場合には、50万円以下の罰金に処されることとなっています。

　酒類販売管理者は、次の要件を満たす者から選任しなければなりません。なお、酒類小売業者(法人であるときはその役員)がその販売場において酒類の販売業務に従事するときは、自ら酒類販売管理者となることができます。

① 酒類の販売業務に従事していること
② 酒類販売管理研修を過去3年以内に受講していること
③ 未成年者でないこと
④ 精神の機能の障害により酒類販売管理者の職務を適正に行うに当たって必要な認知、判断及び意思疎通を適切に行うことができない者でないこと
⑤ 酒税法第10条第1号、第2号または第7号から第8号までの規定に該当する者でないこと
⑥ 酒類小売業者に引き続き6か月以上の期間継続して雇用されることが予定されている者(酒類小売業者と生計を一にする親族及び雇用期間の定めのない者を含む)であること
⑦ 他の販売場の酒類販売管理者に選任されていないこと

(2) 酒類販売管理者の届出義務

酒類小売業者は、酒類販売管理者を選任しまたは解任したときは2週間以内に、その旨を所轄税務署長に届け出なければなりません。この届出を怠った場合には、10万円以下の過料に処されることとなっています。

(3) 酒類販売管理者に定期的に酒類販売管理研修を受講させる義務

酒類小売業者は、酒類販売管理者に、前回の受講から3年を超えない期間ごとに研修実施団体が実施する酒類販売管理研修を受講させなければなりません。

なお、定期的な研修の受講をさせていない場合には、勧告・命令を受けることがあり、命令に違反した者は、50万円以下の罰金に処されることとなっています。

研修実施団体及び連絡先等は、参考資料268ページの「酒類販売管理研修実施団体(指定団体)一覧」を参照してください。

(4) 酒類販売管理者標識の掲示義務

酒類小売業者は、販売場ごとに公衆の見やすい場所に、酒類販売管理者の氏名や酒類販売管理研修の受講事績等を記載した標識を掲げなければなりません。

また、カタログやインターネットの販売サイトを利用した通信販売を行う場合には、カタログや販売サイト等に酒類販売管理者の氏名や販売管理研修の受講事績等を表示する必要があります。

(5) 20歳未満の者の飲酒防止に関する表示基準の遵守

酒類小売業者は、20歳未満の者の飲酒防止に関する表示基準(平成元年11月国税庁告示第9号。以下「表示基準」という)を遵守

しなければなりません。表示基準を遵守しなかった場合には、指示・公表・命令を受けることがあり、命令に違反した者は、50万円以下の罰金に処されることとなっています。

　また、酒税法では、酒類販売業者が酒類業組合法違反により罰金刑に処せられた場合を酒類販売業免許の取消要件としています。表示基準の概要は次のとおりです。

① 　酒類の陳列場所における表示

　　酒類小売販売場においては、酒類の陳列場所の見やすい箇所に、「酒類の売場である」または「酒類の陳列場所である」旨及び「20歳以上の年齢であることを確認できない場合には酒類を販売しない」旨を表示しなければなりません。

　　この表示は、酒類の陳列場所に明瞭に表示する必要があり、表示に使用する文字は、100ポイントの活字以上の大きさの日本文字でなければなりません。

　　なお、この表示については、酒類販売業免許を付与される際に交付されるパンフレット「お酒の適正な販売管理に向けて」に詳しく書かれています（国税庁ホームページ（https://www.nta.go.jp「刊行物等／パンフレット・手引／酒税関係／お酒の適正な販売管理に向けて」））。

● 100ポイントの実物大

20歳

② 　酒類の通信販売における表示

　　酒類小売販売場において酒類の通信販売を行う場合には、(i)酒類に関する広告またはカタログ等（インターネット等によるも

のを含む）に「20歳未満の者の飲酒は法律で禁止されている」または「20歳未満の者に対しては酒類を販売しない」旨、(ⅱ)酒類の購入申込書等の書類（インターネット等により申込みを受ける場合には申込みに関する画面）に、申込者の年齢記載欄を設けた上で、その近接する場所に「20歳未満の者の飲酒は法律で禁止されている」または「20歳未満の者に対しては酒類を販売しない」旨、(ⅲ)納品書等の書類（インターネット等による通知を含む）に「20歳未満の者の飲酒は法律で禁止されている」旨を表示しなければなりません。

　この表示は、明瞭に表示するものとし、表示に使用する文字は10ポイントの活字（インターネット等による場合には酒類の価格表示に使用している文字）以上の大きさの統一のとれた日本文字で行う必要があります。

③　酒類の自動販売機に対する表示

　酒類の小売販売場に設置している酒類の自動販売機には、(ⅰ)「20歳未満の者の飲酒は法律で禁止されている」旨、(ⅱ)免許者（酒類の製造免許または酒類の販売業免許を受けた者をいう）の氏名または名称、酒類販売管理者の氏名及び連絡先等、(ⅲ)販売停止時間（午後11時から翌日午前5時）を自動販売機の前面の見やすい所に明瞭に表示しなければなりません。

　この表示に使用する文字は、表示事項ごとに、それぞれ(ⅰ)57ポイント、(ⅱ)20ポイント、(ⅲ)42ポイントの活字以上の大きさの統一のとれた日本文字（(ⅰ)及び(ⅲ)についてはゴシック体）とする必要があります。

コラム 自動販売機による酒類の販売

　自動販売機のみによって酒類を小売しようとする場合については、20歳未満の者の飲酒防止及び飲酒運転による交通事故防止の観点から、原則として酒類小売業免許は付与しないこととされています。

　酒類販売業免許を有している酒類販売業者が設置する次の自動販売機は認められています。

① 店舗内に設置される酒類の自動販売機であり、20歳未満の者による酒類の購入を防止することが可能と認められるもの
② 店舗外に設置される自動販売機については、磁気カード等によって年齢確認が可能で、20歳未満の者による酒類の購入を防止することが可能と認められる自動販売機であり、次の表示がされているもの
　　ⅰ 「20歳未満の者の飲酒は法律で禁止されている」旨の表示（57ポイントの活字以上の大きさの統一のとれたゴシック体の日本文字によること）
　　ⅱ 自動販売機を設置する免許者の氏名または名称、酒類販売管理者の氏名、並びに連絡先の所在地及び電話番号の表示（20ポイントの活字以上の大きさの統一のとれたゴシック体の日本文字によること）
　　ⅲ 「午後11時から翌日午前5時まで販売を停止している」旨の表示（42ポイントの活字以上の大きさの統一のとれたゴシック体の日本文字によること）

4 社会的要請への適切な対応（主なもの）

　酒類販売業者には、酒税法、酒類業組合法以外にも、以下の事項をはじめとする様々な社会的要請に対し、適正かつ確実な対応が求められています。

(1) 20歳未満の者の飲酒防止

　20歳未満の者の飲酒を防止するため、20歳以上の者であることを確認した上で酒類を販売する必要があります。

　「二十歳未満ノ者ノ飲酒ノ禁止ニ関スル法律」においては、酒類販売業者または料理飲食業者などに、①20歳未満の者が飲用に供することを知って酒類を販売または供与することを禁じ（1条3項）、②年齢の確認その他の必要な措置を講じる旨の義務を課しています（1条4項）。また、20歳未満の者が飲用に供することを知って酒類を販売した場合には50万円以下の罰金に処されることとなっています（3条）。

　さらに、酒税法は、これを受けて酒類販売業者が二十歳未満ノ者ノ飲酒ノ禁止ニ関スル法律違反により罰金刑に処せられた場合を酒類販売業免許の取消要件としています。

コラム　飲酒に関する年齢制限

　飲酒に関する年齢制限は、「二十歳未満ノ者ノ飲酒ノ禁止ニ関スル法律」により次のように規定されています。

第一条　二十歳未満ノ者ハ酒類ヲ飲用スルコトヲ得ス

　　2　未成年者ニ対シテ親権ヲ行フ者若ハ親権者ニ代リテ之ヲ監督スル者未成年者ノ飲酒ヲ知リタルトキハ之ヲ制止スヘシ

　　3　営業者ニシテ其ノ業態上酒類ヲ販売又ハ供与スル者ハ二十歳未満ノ者ノ飲用ニ供スルコトヲ知リテ酒類ヲ販売又ハ供与スルコトヲ得ス

　　4　営業者ニシテ其ノ業態上酒類ヲ販売又ハ供与スル者ハ二十歳未満ノ者ノ飲酒ノ防止ニ資スル為年齢ノ確認其ノ他ノ必要ナル措置ヲ講ズルモノトス

第三条　第一条第三項ノ規定ニ違反シタル者ハ五十万円以下ノ罰金ニ処ス

　令和4年4月から民法の成年年齢は20歳から18歳に引き下げられましたが、お酒に関する年齢制限については、20歳のまま維持されています。

(2) 公正な取引の確保

　酒類業が健全に発達するとともに、消費者の利益を実現していくためには、事業者間の競争は公正な取引ルールの下で行われることが必要です。

　国税庁では、酒類取引に関する公正な取引の在り方（①合理的な価格の設定、②取引先等の公正な取扱い、③公正な取引条件の設定及び④透明かつ合理的なリベート類）及び取引状況等実態調査の実施等を示した「酒類に関する公正な取引のための指針」（以下「指針」という）を定め、酒類業者へ積極的に周知し公正取引の重要性を啓発するなど、公正取引の確保に向けた業界の自主的な取組を促進しています。

　さらに、酒税の保全及び酒類の取引の円滑な運行を図るため、酒類取引について、酒類業者が遵守すべき必要な基準を「酒類の公正な取引に関する基準」（以下「基準」という）において定めています。基準に違反した場合は、罰則の適用や販売業免許が取り消されることがあります。

　また、独占禁止法は、不当廉売、差別対価などの不公正な取引方法を禁止しています。公正取引委員会では、酒類の流通における公正な競争を図るため、平成21年12月に「酒類の流通における不当廉売、差別対価等への対応について」及び「不当廉売に関する独占禁止法上の考え方」を発出しています。

第2部
申請書類の書き方

　第2部では、酒類販売業免許申請書の記入方法のほか、免許を取得した後に必要となる手続きのうち、本店の移転、役員の変更、販売場の移転、倉庫の設置などを行った場合に提出しなければならない書類の記入方法について具体的に解説していきます。

第1章
一般酒類小売業免許申請書の記入例

1　店舗で酒類を販売する場合の酒類販売業免許申請書の記入例

　本章では、店舗において酒類を販売する場合の酒類販売業免許申請書の記入例について解説します。

　第1部第1章の3(1)で説明しましたが、一般酒販店のほか、スーパーマーケット、コンビニエンスストア、ドラッグストア、百貨店、量販店、駅の売店など酒類を販売することのできるあらゆる小売店がこの一般酒類小売業免許の対象となります。なお、消費税法や産業分類においては卸売業に分類される「業務用酒販店」も、酒類販売業免許の取扱いでは一般酒類小売業免許の範疇に入りますので注意が必要です。

　酒類販売業免許の申請に当たっては、酒類販売業免許申請書のほかいくつもの添付書類が求められます。これらの書類に記載漏れがないように、審査担当者が理解しやすいように記入することが、酒類販売業免許を少しでも早く取得するための秘訣です。

　酒類販売業免許申請書には、申請する酒類販売業免許に関する基本事項である申請者の氏名または名称、申請者の住所、販売場の所在地、販売する免許の種類、販売する酒類の品目、酒類の販売方法、選任予定の酒類販売管理者の氏名などを記入します。

　申請書次葉や添付書類は、申請する酒類販売業免許に求められる

第 1 章 一般酒類小売業免許申請書の記入例

免許要件を満たしているかどうかを確認するための資料です。
　記入例は、何をどのように記入すればよいのか、できるだけわかりやすく解説しています。

第 2 部　申請書類の書き方

（1）酒類販売業免許申請書の記入例

CC1-5104	酒 類 販 売 業 免 許 申 請 書	整理番号　※

収受印

❶ 令和6年7月7日

❷ 東京上野　税務署長　殿

申請者
（住所）〒 110-0005
東京都台東区上野1丁目1番1号
（電話）03 ❸
〇〇〇〇
〇〇〇〇

（氏名又は名称及び代表者氏名）
（ふりがな）たいとううえのしょうじ　うえの　たろう
台東上野商事株式会社
代表取締役　上野　太郎 ❹

酒類の販売業免許を受けたいので、酒税法第9条第1項の規定により関係書類を添付して下記のとおり申請します。

記

販売場の所在地及び名称
（地番）
東京都台東区上野1丁目1番地1、1番地2 ❺
（詳細は別添図面のとおり）

（住居表示）〒 110-0005
東京都台東区上野1丁目1番1号 ❻

（ふりがな）うえのすとあ　いっちょうめてん
（名　称）上野ストアー丁目店 ❼
（電　話）03-0000-0000

業態 ❽
☑一般酒販店　□コンビニエンスストア　□スーパーマーケット
□百貨店　□量販店　□業務用卸主体店　□ホームセンター
□ドラッグストア　□その他（　　　　　）

酒類販売管理者の選任（予定）
（ふりがな）うえの　じろう　（役職、申請者との関係、生年月日等）
（氏　名）上野　次郎　一丁目店店長　昭和〇年〇月〇日 ❾

申請する販売業免許等の種類
一般酒類小売業免許 ❿

販売しようとする酒類の品目の範囲及び販売方法
全酒類
通信販売を除く小売に限る ⓫

臨時販売場の開設区分
臨時販売場の開設期間
令和　年　月　日から
令和　年　月　日まで ⓬

申請の理由
今まで、近隣の消費者を対象として食料品等の販売を行ってきましたが、この度、酒類の販売を事業に加え、業績の更なる発展を図ることとしました。 ⓭

既に有している主たる酒類販売場の明細
所在地　なし
名　称　　　　所轄税務署　　　　税務署 ⓮

受理番号	※	審査順位	※	局署番号	※
申請書入力	※（　月　日）	※	※	※	※

86

❶　申請書を提出する日の日付を記入します。
❷　提出先の税務署名を記入します。
❸　本店所在地の住所と電話番号を記入します。
❹　申請者の名称を記入します。
　　個人の場合は氏名、会社の場合は会社名並びに代表者の役職及び氏名を記入します。ふりがなも忘れずに記入してください。
❺　販売場となる建物のある場所の地番を記入します。
　　建物の「全部事項証明書」に記載されている住所（所在）を記入してください。地番が複数ある場合は、すべて記入してください。
❻　販売場となる建物のある場所の住所（住居表示）を記入します。
❼　免許申請する店舗の名称を記入します。
❽　該当する業態にチェックします。
❾　酒類販売管理者となる者の氏名、役職、申請者との関係、生年月日を記入します。酒類販売管理者は、3年以内に「酒類販売管理研修」を受講している者の中から選任する必要があります。
❿　店舗を設けて対面で酒類を販売する場合は、「一般酒類小売業免許」と記入します。
　　レストラン・飲食店・居酒屋等に販売する場合も、「一般酒類小売業免許」と記入します。
⓫　販売しようとする酒類の品目の範囲は、「全酒類」と記入します。販売する酒類の範囲に制限はありません。
　　販売方法は、「通信販売を除く小売に限る」と記入します。ネット販売やカタログ販売等の通信販売を行うことはできません。
⓬　臨時販売場を開設しない場合は、記入する必要はありません。
⓭　免許申請をする理由を簡潔に記入します。
⓮　既に取得している酒類販売業免許がある場合は、所在地、名称、所轄税務署名を記入します。
　　初めて免許を申請する場合には、「なし」と記入します。

(2) 酒類販売業免許申請書　次葉1の記入例

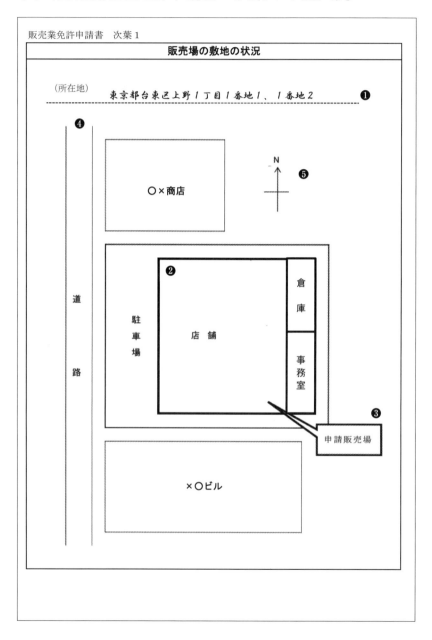

❶ 販売場となる建物のある場所の地番を記入します。
❷ 店舗、事務室、倉庫の位置を明示します。
　申請販売場が建物の一部である場合は、建物の全体図（申請販売場のある階の部分）に、その位置を明示します。
❸ 建物の全体図に、申請販売場の位置を明示します（太線で囲む）。
❹ 道路の位置を明示します。
❺ 方角を明示します。

(3) 酒類販売業免許申請書 次葉2の記入例

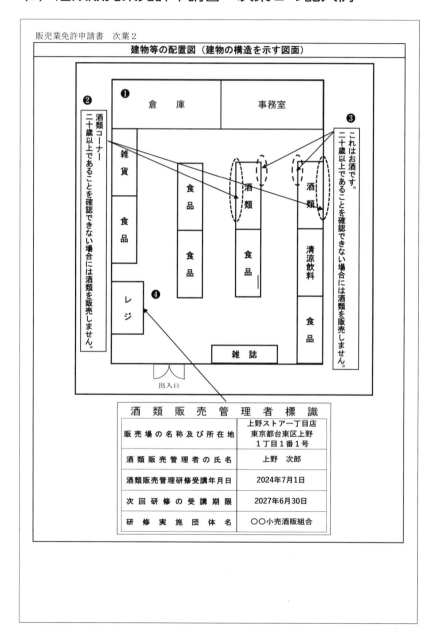

❶ 申請販売場と一体として機能する倉庫等についても明示します。

❷ 酒類の陳列場所の見やすい箇所に、「酒類の売場である」旨の表示が必要です。どこに表示するか表示場所を明示してください。

> （表示例）「酒類コーナー。20歳以上の年齢であることを確認できない場合には酒類を販売しません。」

❸ 酒類と他の商品の陳列場所が壁等により明確に区分されていない場合には、陳列棚等の見やすい箇所に酒類を「明確に区分」するための表示が必要です。表示場所を明示してください。

> （表示例）「これはお酒です。20歳以上の年齢であることを確認できない場合には酒類を販売しません。」

❹ レジカウンターの近くなど、お客様から見やすい場所に「酒類販売管理者標識」を掲示する必要があります。掲示場所を明示してください。

(4) 酒類販売業免許申請書　次葉3の記入例

販売業免許申請書　次葉3

事業の概要（販売設備状況書）

区　　　　分	数量等	
(1)　敷　地　（自己所有・借地）	220 ㎡	❶
(2)　建　物　（自己所有・借用）	170 ㎡	❷
イ　店舗	140 ㎡	❸
ロ　事務所	15 ㎡	❹
ハ　倉庫	15 ㎡	❺
ニ　駐車場	40 ㎡	❻
(3)　車両運搬具　（自己所有）		❼
イ　軽乗用車	1 台	
ロ		
ハ		
ニ		
(4)　什器備品		❽
イ　レジスター	1 台	
ロ　商品棚	14 台	
ハ　冷蔵設備	2 基	
ニ　事務机・椅子	1 組	
ホ　エアコン	2 基	
ヘ		
ト		
チ		
リ		
ヌ		
(5)　従業員（アルバイトを含む。）	32 人	❾
うち常勤	4 人	❿

❶ 建物のある敷地全体の面積を記入します。

建物の敷地となっているすべての土地の面積の合計を記入してください。

❷ 酒類売場のある建物の床面積（２階以上の建物の場合には、酒類販売場のある階の床面積）を記入します。

❸ 店舗となる場所全体の床面積を記入します。

❹ 事務所となる場所の床面積を記入します。

❺ 倉庫がある場合には、倉庫の床面積を記入します。

❻ 駐車場がある場合には、駐車場の面積を記入します。

❼ 運送用の車両がある場合には、車両の種類と台数を記入します。

❽ 店舗、事務所、倉庫等に配置される什器備品（レジスター、商品棚、冷蔵設備、机、椅子、エアコンなど）の種類と数量を記入します。

❾ 店舗に従事する従業員の数（アルバイトを含む）を記入します。

❿ 上記のうち、常勤の従業員の数を記入します。

(5) 酒類販売業免許申請書　次葉4の記入例

	販売業免許申請書　次葉4			
	収支の見込み（兼事業の概要付表）			
1	酒類の予定仕入先	(取引先名) 〇〇酒類販売（株）	(所在地) 東京都台東区浅草〇丁目〇番〇号	❶
2	酒類の予定販売先	(取引先名) 一般消費者	(所在地)	❷
3	収支見積			❸
	収入の部	(1) 酒類の売上金額	円 48,714,500	❹
		(2) その他の商品の売上金額	233,500,000	
		(3) その他の収入		
		A　収入金額合計　(1)+(2)+(3)	282,214,500	
	支出の部	(1) 期首棚卸商品	円 7,500,000	
		(2) 酒類の仕入金額	34,100,150	❹
		(3) その他の商品の仕入金額（外注費含む）	203,145,000	
		仕入金額合計　(2)+(3)	237,245,150	
		期末棚卸商品	7,500,000	
		B　売上原価合計　(1)+仕入金額合計－期末棚卸商品	237,245,150	
		C　売上総利益　(A－B)	44,969,350	
		D　販売費及び一般管理費	35,000,000	
		E　営業利益　(C－D)	9,469,350	
		F　営業外費用及び特別収益	2,500,000	
		G　営業外損失及び特別損失	150,000	
		H　総利益金額　(E+F－G)	12,319,350	
4	販売見込数量及び算出根拠		【販売見込数量　26.2　kℓ】	❹
	「酒類小売業者の概況」（令和4年度分）の東京国税局管内の一般酒販店の数及び一般酒販店の品目別販売数量をもとに、一般酒販店1店舗当たりの販売数量を算出しました。さらに、販売先のほとんどが一般消費者で、料飲店等を予定していないことから、前述した販売数量の50％程度を当店の販売見込み数量といたしました。			❺
5	その他参考事項（定休日、営業時間など）			
	定休日：なし 営業時間：平日　　　10:00～21:00 　　　　　土曜・祝日　10:00～19:00			❻

94

❶　取引（仕入）を予定している酒類卸売業者または酒類製造者の名称及び所在地を記入します。取引先の発行する取引承諾書が必要です。

❷　取引先が消費者のみの場合、「一般消費者」と記入します。

❸　収支見積は、直前期の財務諸表を基に酒類の販売計画を織り込んで記入します。

❹　酒類の売上金額、酒類の仕入金額、販売見込数量は、別に作成する添付資料「酒類の販売予定数量及び仕入予定数量の明細」（次ページ参照）から転記します。

　この明細書は所定のものはありませんが、次葉4の酒類販売数量や販売金額、酒類仕入数量や仕入金額の算出根拠として求められる可能性が高いので、作成しておくことをお勧めします。

❺　酒類販売見込数量の算出根拠を簡記します。販売見込数量は、国税庁が公表している統計資料や自店の販売実績などを基に算出します。

❻　定休日、営業時間などを記入します。

(参考資料)　酒類の販売予定数量及び仕入予定数量の明細（計算例）

	区　分	容器の容量	本数	単価	売上数量	売上金額
酒類の販売数量及び販売金額		mℓ	本	円	ℓ	円
	清酒	720	3,200	3,500	2,304	11,200,000
	合成清酒					
	連続式蒸留しょうちゅう	900	1,555	900	1,400	1,399,500
	単式蒸留しょうちゅう	900	1,350	1,500	1,215	2,025,000
	みりん	1,000	140	1,000	140	140,000
	ビール	350	32,000	230	11,200	7,360,000
	果実酒	720	3,300	1,800	2,376	5,940,000
	甘味果実酒	720	100	1,800	72	180,000
	ウイスキー	700	1,250	5,000	875	6,250,000
	ブランデー	700	25	6,000	18	150,000
	発泡酒	350	3,300	150	1,155	495,000
	その他の醸造酒	600	770	1,500	462	1,155,000
	スピリッツ	750	1,900	1,800	1,425	3,420,000
	リキュール	720	5,000	1,800	3,600	9,000,000
	粉末酒及び雑酒					
	合　　　計				26,242	48,714,500
	区　分	容器の容量	本数	単価	仕入数量	仕入金額
酒類の仕入数量及び仕入金額		mℓ	本	円	ℓ	円
	清酒	720	3,200	2,450	2,304	7,840,000
	合成清酒					
	連続式蒸留しょうちゅう	900	1,555	630	1,400	979,650
	単式蒸留しょうちゅう	900	1,350	1,050	1,215	1,417,500
	みりん	1,000	140	700	140	98,000
	ビール	350	32,000	161	11,200	5,152,000
	果実酒	720	3,300	1,260	2,376	4,158,000
	甘味果実酒	720	100	1,260	72	126,000
	ウイスキー	700	1,250	3,500	875	4,375,000
	ブランデー	700	25	4,200	18	105,000
	発泡酒	350	3,300	105	1,155	346,500
	その他の醸造酒	600	770	1,050	462	808,500
	スピリッツ	750	1,900	1,260	1,425	2,394,000
	リキュール	720	5,000	1,260	3,600	6,300,000
	粉末酒及び雑酒					
	合　　　計				26,242	34,100,150

●酒類販売予定数量計算基礎資料

1　酒類小売販売場の場数及び酒類販売数量（東京国税局管内）

業　態	販売場数	酒類小売数量
	場	KL
一般酒販店	4,914	263,580
コンビニエンスストア	13,797	282,091
スーパーマーケット	5,141	794,820
百貨店	92	23,796
ディスカウントストア	567	121,806
業務用酒販店	674	237,641
ドラッグストア	3,066	139,840
その他	4,847	215,743
販売数量合計	33,098	2,079,317

（出典）酒類小売業者の概況（令和4年度分：国税庁）

2　業態別・品目別酒類販売数量（東京国税局管内）

酒類の品目	業態別酒類の小売数量		
	一般酒販店	コンビニエンスストア	スーパーマーケット
	KL	KL	KL
清酒	22,605	6,605	34,530
合成清酒	636	23	984
連続式蒸留しょうちゅう	13,929	7,467	40,636
単式蒸留しょうちゅう	12,185	5,594	30,178
みりん	1,429	111	9,157
ビール	112,641	65,313	164,384
果実酒	23,896	11,051	43,942
甘未果実酒	695	300	516
ウイスキー	8,685	6,799	19,346
ブランデー	168	32	290
発泡酒	11,228	16,644	52,235
その他の醸造酒	4,515	5,325	27,052
スピリッツ	14,583	60,998	81,913
リキュール	35,756	95,750	289,509
粉末酒・雑酒・その他	629	78	148
販売数量合計	263,580	282,090	794,820

（出典）酒類小売業者の概況（令和4年度分：国税庁）

(6) 酒類販売業免許申請書 次葉5の記入例

販売業免許申請書 次葉5

[酒 税]

所要資金の額及び調達方法

1	所要資金の算出根拠			
	(1)	仕入(見込み)		
		① 酒類の年間仕入額	34,100 千円	❶
		② 酒類の月間仕入額(①×1/12)	2,841 千円	❷
		③ 在庫 (②×1/2)	1,421 千円	❸
		④ 最初の月の所要資金(②+③)	4,262 千円	❹
		※ 酒類の商品回転率を月間1回転としました。最初の月の所要資金として、月間仕入金額に在庫分1/2月分を加算しました。		
	(2)	設備		❺
		酒類販売のための新たな設備投資はありません。		
		設備費及び什器備品購入費	千円	
			千円	
			千円	
	(3)	予備費	千円	❻
		酒類販売の所要資金として、10,000千円を充当しますが、そのうち最初の所要資金として 4,262千円を必要とし、残りの5,738千円を酒類販売にかかる予備費とします。		
2	所有資金			❼
	(1)	普通預金(○○銀行/○○支店)	20,000 千円	
	(2)	定期預金(○○銀行/○○支店)	5,000 千円	
	(3)		千円	
	(4)		千円	
		酒類販売に要する資金として、普通預金から10,000千円を充当します。		
3	最初の月に必要とされる資金は4,262千円であるが、自己資金は上記のとおりであり、必要な資金は十分に有しています。			❽

❶ 酒類の年間仕入額は、次葉4の「3　収支見積」の「支出の部」(2)の仕入金額を転記します。

❷ 酒類の月間仕入額は、年間仕入額を営業月数（12月）で除して、算出します。

❸ 在庫は、❷の月間仕入額の2分の1として計算します。

❹ 最初の月の所要資金は、❷の月間仕入金額と❸の在庫金額を足して算出します。

❺ 酒類販売のための設備（冷蔵庫・商品棚等）を購入する場合には、設備投資の内容と設備投資にかかる費用を記入します。
　設備投資がない場合には、「酒類販売のための新たな設備投資はない」旨を記入します。

❻ 酒類販売のための予備費がある場合には、予備費の額を記入します。

❼ 酒類販売をスタートするに当たり、準備する所要資金の調達方法を記入します。所有資金は、酒類販売を始めるために必要な所要資金を超える金額が必要です。
　所有資金の内容について証明する書類（銀行預金の残高証明書、預金通帳の写しなど）を添付します。

❽ 自己資金が不足し、融資を受ける場合には、借入れをする金融機関の融資額も記入してください。銀行融資を受ける場合は、銀行の「融資証明書」が必要です。

(7) 酒類販売業免許申請書　次葉6の記入例

CC1-5104-1(6)
販売業免許申請書　次葉6

「酒類の販売管理の方法」に関する取組計画書

（酒類販売管理者の選任予定者）❶	（酒類小売販売場の所在地及び名称）❸
上野　次郎（年齢：〇〇歳）	東京都台東区上野一丁目1番地1、1番地2 上野ストアー丁目店

（酒類販売管理研修の受講予定等）❷	（店舗全体の面積）❹	（営業時間）❻
受講日又は受講予定日：令和　6年〇月〇日 研修実施団体：〇〇小売酒販組合	140.0 ㎡ （酒類売場の面積）❺ 45.5 ㎡	年中無休 平日　10時～21時 土日・祝日　10時～19時

（酒類販売管理者に代わる責任者（予定者）の人数及び氏名等）　総数：1　❼

氏　名（年　齢）	指名の基準	氏　名（年　齢）	指名の基準	氏　名（年　齢）	指名の基準
上野　三郎（〇〇歳）	(2)	（　　歳）		（　　歳）	
（　　歳）		（　　歳）		（　　歳）	
（　　歳）		（　　歳）		（　　歳）	

（注）「指名の基準」欄には、次の《責任者の指名の基準》のいずれかに該当する番号を記載してください。

《責任者の指名の基準》

以下(1)～(7)に掲げるいずれかに該当する場合には、当該販売場において酒類の販売業務に従事する者の中から酒類販売管理者に代わる者を責任者として必要な人数を指名し、配置してください。

(1) 夜間（午後11時から翌日5時）において、酒類の販売を行う場合（成年者の指名をお願いします。）
(2) 酒類販売管理者が常態として、その選任された販売場に長時間（2～3時間以上）不在となることがある場合
(3) 酒類売場の面積が著しく大きい場合（100平方メートルを超えることを目安に、1名以上の責任者を指名）
(4) 同一建物内において酒類売場を設置している階が複数ある場合（酒類販売管理者のいない各階ごとに、1名以上の責任者を指名）
(5) 同一の階にある複数の酒類売場が著しく離れている場合（20メートル以上離れている場合）
(6) 複数の酒類売場が著しく離れていない場合であっても、同一の階において酒類売場の点在が著しい場合（3箇所以上ある場合）
(7) その他酒類販売管理者のみでは酒類の適正な販売管理の確保が困難と認められる場合

（申請する免許の条件）　❽
1：卸売業　②　小売業（卸小売兼業を含む）　3：期限付小売業（免許期間の開始希望日：令和　年　月　日）

（小売販売場の業態等の区分）　❾
①　一般酒店（酒屋、酒類専門店等）　2：コンビニエンスストア　3：スーパーマーケット　4：百貨店
5：1～4以外の量販店（ディスカウントストア等）　6Ⓐ：業務用卸主体店　6Ⓑ：ホームセンター・ドラッグストア
6Ⓒ：その他（　　　　　　）
※「6Ⓒ：その他」については、具体的に記載してください。

酒類の販売業免許の申請書の記載事項である「酒類の販売管理の方法」については、本様式に記載する方法によるものとします。　❿

	項　目	区　分	※ 税務署整理欄 （実態確認状況）
酒類販売管理者関係	1　酒類の販売業務を開始するときまでに、酒類販売管理研修を過去3年以内に受けた者の中から酒類販売管理者を選任する。	㊎い・いいえ	□ 適 □ 不適
	2　公衆の見やすい場所（通信販売を行う場合は、カタログ等（インターネットを含む））に、酒類販売管理者の氏名や酒類販売管理研修の受講事績等を記載した標識を掲示する。	㊎い・いいえ	□ 有 □ 無
二十歳未満の者の飲酒防止関係	1　20歳未満と思われる者に対して、身分証明書等により年齢確認を行う。	㊎い・いいえ	□ 適 □ 不適
	2　20歳未満の者の飲酒防止に関するポスターを掲示する。	㊎い・いいえ	□ 有 □ 無
	3　「その他の取組」の概要　（※上記以外の取組をしている場合にその内容を具体的に記載してください。） （例）「レジに啓発のためのグッズ等を置く」、「レジ袋に20歳未満の者の飲酒防止啓発のための表示をする」等		

❶ 酒類販売管理者に選任を予定している者の氏名と年齢を記入します。

❷ 酒類販売管理研修の受講年月日及び研修受講団体を記入します。申請後に受講する場合には、受講予定年月日を記入します。研修は、免許を取得するまでに受講する必要があります。

❸ 酒類販売場の所在地（地番）と販売場の名称を記入します。

❹ 店舗全体の床面積を記入します（次葉3の（2）イの店舗面積と同じになる）。

❺ 上記のうち、酒類売場の面積を記入します。

❻ 定休日及び営業時間を記入します。

❼ 酒類販売管理者が不在の場合に、酒類販売管理者の代理となる酒類販売責任者を選任し、選任した酒類販売責任者の人数、選任した酒類販売管理者の氏名及び年齢を記入します。「指名の基準」欄には、（注）に書かれている指名基準の番号を記入します。

❽ 申請する免許の条件に○を付けてください。酒類小売業と酒類卸売業を兼業する場合には「2：小売業」に○を付けます。

❾ 小売販売場の業態に○を付けます。

❿ 「酒類販売管理者関係」、「二十歳未満の者の飲酒防止関係」及び「二十歳未満の者の飲酒防止に関する表示基準の実施状況」の各項目について、「はい」、「いいえ」のうち該当するほうに○を付けます。

【酒類販売管理者関係】及び【二十歳未満の者の飲酒防止関係】

いずれかの項目で「いいえ」に○が付いている場合には、酒類指導官が状況を確認し、改善されない場合には、免許が付与されないことがあります。

二十歳未満の者の飲酒防止に関する表示基準の実施予定	1 酒類の陳列場所を設けて販売する。 ⓫	は い・いいえ		
	(1)消費者が酒類に触れられない状態に置き、手渡しで販売する。⓬	は い・いいえ		
	(2)酒類と他の商品との売場を壁や間仕切り等で分離又は区分する。	は い・いいえ	□ 適（□ 分離・□ 区分） □ 不適	
	(3)酒類の陳列場所に、表示基準に則って「酒類の売場である」又は「酒類の陳列場所である」旨の表示を行う。	は い・いいえ	□ 適 □ 不適	
	(4)酒類の陳列場所に、表示基準に則って「20歳以上の年齢であることを確認できない場合には酒類を販売しない」旨の表示を行う。	は い・いいえ	□ 適 □ 不適	
	2 酒類の通信販売（インターネットを含む）を行う。⓭ （注）1 この表示基準でいう「通信販売」とは、「通信販売酒類小売業免許」を付与されて行うものに限らず、一般酒類小売業者が免許条件の範囲内で行う通信販売を含み、商品の内容・価格などをカタログ、新聞折込チラシなどで提示し、郵便、電話、ファックスなどの方法で注文を受けて行う販売をいいます。 2 「いいえ」に「○」を付した方は、次の(1)及び(2)の記載は不要です。	は い・いいえ		
	(1) 酒類の通信販売（インターネットを含む）における広告、カタログ、申込書、納品書等に、表示基準に則って「20歳未満の者に対しては酒類を販売しない」旨の表示を行う。	は い・いいえ	□ 適 □ 不適	
	酒類の購入申込書等に年齢記載欄を設ける。	は い・いいえ	□ 適 □ 不適	
	(2) 酒類の配達を行う旨のチラシに「20歳未満の者に対しては酒類を販売しない」旨の表示を行う。	は い・いいえ	□ 適 □ 不適	
	3 酒類の自動販売機を設置しない。 ⓮	は い・いいえ	□ 有 □ 無	

※ 以下は、酒類の自動販売機を設置する予定がない場合には記載する必要はありません。

《酒類の自動販売機に対する表示基準の実施予定》

	順　　号					※ 税務署整理欄 （実態確認状況）
	自動販売機の設置予定年月	平　年　月	平　年　月	平　年　月	平　年　月	
	自 動 販 売 機 の 種 類	改良型・ 改良型以外	改良型・ 改良型以外	改良型・ 改良型以外	改良型・ 改良型以外	
	自動販売機の設置位置	店内・店外	店内・店外	店内・店外	店内・店外	
二十歳未満の者の飲酒防止に関する表示基準の実施予定	20歳未満の者の飲酒は禁止されている旨	有・無	有・無	有・無	有・無	□ 適 □ 不適
	免許者の氏名又は名称	有・無	有・無	有・無	有・無	□ 適 □ 不適
	酒類販売管理者の氏名	有・無	有・無	有・無	有・無	□ 適 □ 不適
	連絡先の所在地及び電話番号	有・無	有・無	有・無	有・無	□ 適 □ 不適
	販売停止期間	有・無	有・無	有・無	有・無	□ 適 □ 不適
販売停止等のためのタイマーの設置の有無		有・無	有・無	有・無	有・無	□ 適 □ 不適
セレクトボタン部分への酒類である旨の表示の有無		有・無	有・無	有・無	有・無	□ 適 □ 不適

【二十歳未満の者の飲酒防止に関する表示基準の実施状況】

⓫　酒類を商品棚等に並べて販売する場合には、「はい」に○を付けます。

⓬　酒類を商品棚等に並べ、消費者が手に取れる状態で販売する場合には、「いいえ」に○を付けます。

　（2）から（4）のいずれかの項目で、「いいえ」に○が付いている場合には酒類指導官が状況を確認し、改善されない場合には、免許が付与されないことがあります。

⓭　通信販売を行わない場合は、「いいえ」に○を付けます。「いいえ」に○を付けた場合には、（1）、（2）は記入する必要はありません。

⓮　酒類の自動販売機を設置しない場合には、「はい」に○を付けます。「はい」に○を付けた場合には、「酒類の自動販売機に対する表示基準の実施予定」は記入する必要はありません。

　酒類の自動販売機を設置する場合には、「いいえ」に○を付け、設置する自動販売機ごとに必要事項を記入します。

　自動販売機による酒類の販売については、78ページのコラムを参照してください。

2 一般酒類小売業免許申請書の添付書類の留意事項及び記入例

(1) 酒類販売業免許の免許要件誓約書

「酒類販売業免許の免許要件誓約書」は、申請者（法人の場合には、役員を含む）が、酒税法に定められた酒類販売業免許の欠格要件（人的要件、場所的要件、経営基礎要件、需給調整要件）に該当しないことを誓約するものです。

一般酒類小売業免許申請を行う場合には、「酒類販売業免許の免許要件誓約書」（CC1-5104-8）に記入してください。

誓約の内容を偽るなどの不正行為があった場合には、次のような処分の対象となりますのでご注意ください。

① 不正行為が審査段階で判明した場合…免許拒否処分
② 不正行為により免許を取得した場合…免許取消処分

なお、不正行為により酒類販売業免許を取得した場合には、その不正行為によって取得した免許だけでなく、その者が取得しているすべての免許について取消処分を受ける場合があります。

●酒類販売業免許の免許要件誓約書の記入例

CC1-5104-8

❶ 酒類販売業免許の免許要件誓約書

<u>東京上野</u> 税務署長　殿

| 申請―(申出・申告)―販売場の所在地及び名称 | 東京都台東区上野1丁目1番地1、1番地2

上野ストアー丁目店 ❷ |

申請（申出・申告）者が個人の場合

　私（及び法定代理人）の免許要件について、別紙1及び2のとおり誓約します。
　なお、この誓約内容に偽りがあった場合、酒税法の規定により、その事実が①審査段階で判明したときは拒否処分、②免許取得後に判明したときは免許の取消処分を受けることがあることを承知しています。

　　　　　　　　　　　　　　　令和　　年　　月　　日
　　　（申請（申出・申告）者の住所）
　　　（氏　　　　　　　名） ❸

　下記法定代理人は、誓約内容を確認しているので、各法定代理人それぞれの誓約に代え、代表して誓約します。
　　（法定代理人氏名）

　　　　　　　　　　　　　　　令和　　年　　月　　日
　　　（法定代理人住所）
　　　（法定代理人氏名）
　　　（申請（申出・申告）者との関係） ❹

申請―(申出)―者が法人の場合

　当社及び役員等の免許要件について、別紙1及び2のとおり誓約します。
　なお、この誓約内容に偽りがあった場合、酒税法の規定により、その事実が①審査段階で判明したときは拒否処分、②免許取得後に判明したときは免許の取消処分を受けることがあることを承知しています。

　　　　　　　　　　　令和 6 年　7月1日
　　（申請―(申出)―者の所在地）　東京都台東区上野1丁目1番1号
　　（名称及び代表者氏名　）　　台東上野商事株式会社
　　　　　　　　　　　　　　　　代表取締役　上野　太郎 ❺

　下記役員等は、誓約内容を確認しているので、各役員等それぞれの誓約に代え、代表して誓約します。
　（役職及び氏名）❻
　　代表取締役　上野　太郎
　　取　締　役　○○　○○
　　取　締　役　△△　△△
　　監　査　役　××　××

　　　　　　　　　　　令和6年　7月1日
　　　（名　　　　称）　台東上野商事株式会社
　　　（代 表 者 氏 名）　代表取締役　上野　太郎 ❼

（別紙1及び2を添付して提出してください。）

1/3

(別紙1)

誓　約　項　目		申請者等の誓約内容			順号
		申請者(申出・申告)者	役員等	法定代理人	
1　酒税法10条1号から8号関係（人的要件）					—
1号関係	申請（申出・申告）者が酒税法（12条1、2、5、6号、13条、14条1、2、4号）の規定により免許を取り消されたことがない又はアルコール事業法の規定により許可を取り消されたことがない。	はい・⊘いいえ	はい・⊘いいえ	はい・いいえ	①
	［上記で「いいえ」に○を付した場合］申請（申出・申告）時において、免許又は許可を取り消された日から3年を経過している。	はい・いいえ	はい・いいえ	はい・いいえ	
2号関係	申請（申出・申告）者が1号に該当する法人の業務執行役員をしていた者でその取消の日から3年を経過するまでの間の申請（申出・申告）でない。○酒類の製造者又は販売業者である法人が、酒税法（12条1、2、5、6号、13条、14条1、2、4号）の規定により免許を取り消された法人　○アルコール事業法の許可を受けた法人で、同法の規定により許可を取り消された法人	はい・いいえ（個人のみ）	はい・⊘いいえ		②
3号関係	申請（申出・申告）者が未成年者のときに、その法定代理人が1、2、7、7の2、8号に該当しない。❽	はい・いいえ（個人のみ）			③
4号関係	申請（申出・申告）者又は法定代理人が法人の場合にその役員が1、2、7、7の2、8号に該当しない。	はい・⊘いいえ（法人のみ）		はい・いいえ（法人のみ）	④
5号関係	支配人が1、2、7、7の2、8号に該当する者でない。❾	はい・⊘いいえ			⑤
6号関係	申請（申出・申告）者が免許の申請前2年内において国税又は地方税の滞納処分を受けていない。	はい・⊘いいえ			⑥
7号関係	国税等に関する法律の規定により罰金の刑に処せられ又は通告処分を受けたことがない。	はい・⊘いいえ	はい・⊘いいえ	はい・いいえ	⑦
	［上記で「いいえ」に○を付した場合］申請（申出・申告）時において、それぞれ、その刑の執行を終わり、若しくは執行を受けることがなくなった日又はその通告の旨を履行した日から3年を経過している。	はい・いいえ	はい・いいえ	はい・いいえ	
7号の2関係	二十歳未満ノ者ノ飲酒ノ禁止ニ関スル法律若しくは暴力団員による不当な行為の防止等に関する法律等の規定により、又は刑法等に定める一定の罪を犯したことにより、罰金の刑に処せられたことがない。	はい・⊘いいえ	はい・いいえ	はい・いいえ	⑧
	［上記で「いいえ」に○を付した場合］申請（申出・申告）時において、その執行を終わった日又は執行を受けることがなくなった日から3年を経過している。	はい・いいえ	はい・いいえ	はい・いいえ	
8号関係	禁錮以上の刑に処せられたことがない。	はい・⊘いいえ（個人のみ）	はい・⊘いいえ	はい・いいえ	⑨
	［上記で「いいえ」に○を付した場合］申請（申出・申告）時において、その執行を終わった日又は執行を受けることがなくなった日から3年を経過している。	はい・いいえ（個人のみ）	はい・いいえ	はい・いいえ	
【理由等】					
2　酒税法10条9号関係（場所的要件） 申請販売場が取締上不適当と認められる場所でない。					—
(1)	申請販売場が酒類の製造場、酒類の販売場、酒場、料理店等と同一場所でない。	はい・⊘いいえ			⑩
(2)	申請販売場の申請者の営業が販売場の区画割り、専属の販売従事者の有無、代金決済の独立性その他販売行為において他の営業主体の営業と明確に区分されている。	はい・⊘いいえ			⑪
【理由等】					

2/3

第1章　一般酒類小売業免許申請書の記入例

(別紙2)

誓　約　項　目	申請者等の誓約内容			順号
	申請(申出・申告)者	役員等	法定代理人	
3　酒税法10条10号関係（経営基礎要件） (注)　酒税法10条10号関係の要件を充足するかどうかについては、次の事項から判断します。				－
(1)　申請（申出）者が、破産手続開始の決定を受けて復権を得ていない場合に該当しない。	○はい・いいえ			⑫
(2)　事業経営のための経済的信用の薄弱、経営能力の貧困等経営の基礎が薄弱であると認められない。				－
イ　現に国税若しくは地方税を滞納していない。	○はい・いいえ	○はい・いいえ		⑬
ロ　申請（申出）前1年以内に銀行取引停止処分を受けていない。	○はい・いいえ	○はい・いいえ		⑭
ハ　最終事業年度における確定した決算に基づく貸借対照表の繰越損失が資本等の額を上回っていない。	○はい・いいえ(法人のみ)	○はい・いいえ		⑮
ニ　最終事業年度以前3事業年度の全ての事業年度において資本等の額の20％を超える欠損となっていない。	はい・いいえ(法人のみ)			⑯
ホ　酒税に関係のある法令に違反し、通告処分を受けていない又は告発されていない。	○はい・いいえ	○はい・いいえ		⑰
ヘ　建築基準法等の法令又は条例に違反しており、建物の除却又は移転を命じられていない。	○はい・いいえ			⑱
ト　酒類の適正な販売管理体制を構築することができる。	○はい・いいえ			⑲
(3)　申請（申出）者は、経験その他から判断し、適正に酒類の販売業を経営するのに十分な知識及び能力を有すると認められる者又はこれらの者が主体となって組織する法人である。	○はい・いいえ			⑳
(4)　申請（申出）者は、酒類の販売業を継続して行うために必要な所要資金を賄うに足りる所有資金等を有している。	○はい・いいえ			㉑
(5)　酒類の販売業を継続して行うために必要な販売施設及び設備を有している又は必要な資金を有し免許を付与するまでに販売施設及び設備を有することが確実と認められる。	○はい・いいえ			㉒
【理由等】				
4　酒税法10条11号関係（需給調整要件） 酒税の保全上酒類の需給の均衡を維持する必要があるため、酒類の販売業免許を与えることが適当でないと認められる場合に当たらない。				－
(1)　設立の趣旨からみて、販売先が原則としてその構成員に特定されている法人又は団体でない。	○はい・いいえ			㉓
(2)　酒場、旅館、料理店等酒類を取り扱う接客業者でない。	○はい・いいえ			㉔
【理由等】				
5　酒税法14条1号関係 偽りその他不正の行為により、酒類の販売業免許を受けていない。　❿	はい・いいえ			㉕
6　酒税法14条3号関係 2年以上引き続き、酒類の販売業を休業していない。　❿	はい・いいえ			㉖

3/3

第2部　申請書類の書き方

【酒類販売業免許の免許要件誓約書の記入方法】

❶ 「酒類販売業免許の免許要件誓約書」（様式番号　CC1-5104-8）を使用します。

❷ 申請販売場の所在地は、地番を記入します。

❸ 申請者が個人の場合は、こちらに、申請者の住所と氏名を記入します。

❹ 申請者に法定代理人（酒類の販売業に関して代理権を有する人）がいる場合は、その法定代理人を記入します。

❺ 申請者が法人の場合は、こちらに、申請法人の住所、法人名及び代表者の氏名を記入します。

❻ 申請法人の監査役を含むすべての役員及び支配人の役職及び氏名を記入します。

❼ 代表取締役がすべての役員が誓約事項を確認していることを役員の代表として誓約します。

【酒類販売業免許の免許要件誓約書別紙の記入方法】

　誓約者は、必要な「誓約項目」について、「誓約内容」欄の「はい」または「いいえ」のいずれかに〇を付けてください。誓約内容について「いいえ」に〇を付けた場合には、「理由等」欄に該当項目の番号を記入した上で、その理由を記入します。

　誓約が必要な事項は109ページの「酒類販売業免許の免許要件誓約書　誓約事項一覧表」のとおりですが、申請（申出）者が個人か法人かなどによって誓約事項が異なりますので注意してください。

❽ 申請者が個人で未成年者の場合のみ記入します。

❾ 支配人がいない場合には記入する必要はありません。

❿ 誓約項目の5及び6については、酒類販売業免許を取得していない場合（初めて酒類販売業免許の申請を行う場合）は、記入する必要はありません。回答欄に斜線を引いてください。

●酒類販売業免許の免許要件誓約書　誓約事項一覧表

順号	酒類販売業免許の免許要件誓約書（一般酒類小売業免許）		
	個人	法人	法人役員
【人的要件（酒税法 10 条 1 号から 8 号関係）】			
①	○	○	○
②	○		○
③	○		
④		○	
⑤	○	○	
⑥	○	○	
⑦	○	○	○
⑧	○	○	○
⑨	○		○
【場所的要件（酒税法 10 条 9 号関係）】			
⑩	○	○	
⑪	○	○	
【経営基礎要件（酒税法 10 条 10 号関係）】			
⑫	○	○	
⑬	○	○	◎
⑭	○		◎
⑮		○	◎
⑯		○	◎
⑰	○	○	◎
⑱	○	○	
⑲	○	○	
⑳	○	○	
㉑	○	○	
㉒	○	○	
【需給調整要件（酒税法 10 条 11 号関係）】			
㉓		○	
㉔	○	○	
【酒税法 14 条 1 号関係）】			
㉕			
【酒税法 14 条 3 号関係）】			
㉖			

（注1）個人事業者が申請する場合と法人が申請する場合で、誓約する項目が異なりますので注意してください。

（注2）法人役員欄の「◎」は代表権を有する役員及び主たる出資者の誓約事項、「○」は全役員の誓約事項です。

（注3）㉕及び㉖は、初めて免許申請を行う場合は、記入する必要はありません。

(2) 申請者の履歴書

　履歴書は、申請者（法人の場合には全役員）の経営経験及び酒類業に従事した経歴などを確認するための資料です。

　申請者が法人の場合は、監査役を含むすべての役員及び支配人（登記されている支配人に限る）の履歴書が必要です。

　経営経験や酒類・食品の製造・販売に関する業務に従事した期間がある場合にはできるだけ詳しく記入してください。履歴書に記入された経営経験や酒類・食品の製造・販売に関する業務の経験が審査の対象になります。

●履歴書の記入例

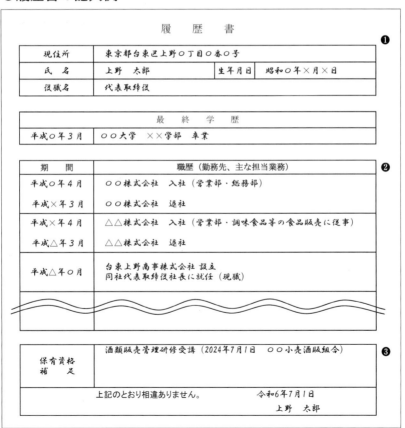

❶　様式は特に定められていません。市販の履歴書様式でも構いません。
　役員が複数選任されている場合には、監査役を含む役員全員の履歴書が必要です。
❷　職歴を古いほうから順に記入してください。
　経営経験や酒類・食品の製造業務や販売業務に従事した期間がある場合には、できるだけ詳しく記入してください。
　一般酒類小売業免許の申請を行うためには、概ね３年以上の経営経験が必要です。
❸　酒類販売管理研修を受講している場合は、必ず記入してください。受講予定の場合には、受講予定である旨及び受講予定日を記入してください。

(3) 法人の定款の写し

　申請者が法人の場合は、定款の写しを添付してください。ただし、申請者が申請販売場の所在地を管轄する税務署管内に既に免許を受けた酒類販売場を有している場合には、添付を省略することができます。

　定款には、法人の目的として「酒類の販売」を行うことが明示されている必要があります。

(4) 地方税の納税証明書

　納税証明書は、申請者に地方税の滞納がないこと及び2年以内に滞納処分を受けたことがないことを確認するための資料です。

　申請者が法人の場合は、本店所在地、個人の場合は住所地の属する都道府県及び市区町村の納税証明書が必要です。

　申請者について、地方税に係る次の事項が証明された納税証明書が必要です。

① 　未納の税額がないこと
② 　2年以内に滞納処分を受けたことがないこと

　法人については、証明事項に「特別法人事業税」を含めてください。

　2年以内に都道府県・市区町村を異にする本店移転・転居があった場合は、移転・転居前の都道府県・市区町村から交付を受けた納税証明書も併せて添付してください。

　同時期に複数の申請書を提出する場合は、そのうちいずれか一つの申請書に納税証明書の原本を添付すれば、他の申請書にはコピーの添付で差し支えありません。この場合、納税証明書のコピーに、原本を添付した申請書を提出した税務署名を記入してください。

　国税（「特別法人事業税」を除く）についての納税証明書は添付不要です。

(5) 賃貸借契約書等の写し（申請書次葉３付属書類）

　賃貸借契約書等は、申請者が申請販売場を確実に使用できることを確認するために必要な書類です。申請販売場を設置する建物が自己（自社）所有なのか賃借物件なのかによって提出する書類が異なります。

① 申請販売場の土地、建物、設備等が賃借物件の場合

　賃貸借契約書等（申請販売場の建物等を確実に使用できることが確認できる書類）の写し（転貸の場合は所有者から申請者までの賃貸借契約書等の写し）を添付してください（POINT 9 参照）。

② 申請販売場の建物等が未建築の場合

　請負契約書等（申請販売場の建物等を今後建築することが確認できる書類）の写しを添付してください。

　申請販売場の建築予定地が農地等であり、建物を建築するために農地の転用の許可等を必要とするなど、法令や条例により許可等が必要となる場合には、その許可等の申請に係る関係書類の写しを添付してください。

建物の所有者と貸主が異なる場合は注意が必要

　申請販売場は、酒類販売業を行うために確実に使用できることが明らかでなければなりません。したがって、建物の所有者と建物賃貸借契約の貸主が異なる場合には注意が必要です。
　具体例を挙げて説明します。
・建物の所有者（登記上の所有者）・・Ａ
・建物の貸主・・・・・・・・・・・Ｂ
・建物の借主（免許の申請者）・・・・Ｃ
　この場合、建物の所有者ＡとＢ建物の貸主Ｂが異なりますので、ＢとＣの間の賃貸借契約書の写しのほかに、ＡとＢの間の賃貸借契約書等の写しを申請書類に添付する必要があります。
　レンタルオフィスの場合、レンタルオフィスの管理者（賃貸人）と建物の所有者が異なる場合がほとんどです。ＡがＢに建物を貸している（または建物の管理を許可している）ことが明らかになる書類がないと酒類販売業免許の申請はできませんので注意してください。

(6) 最終事業年度以前3事業年度の財務諸表

　最終事業年度以前3事業年度の財務諸表は、経営基礎要件である財務状況を確認するために必要な書類です。過去3年分の所得税または法人税の確定申告書（添付書類を含む）を税務署に提出している場合は、添付を省略することができます。
　具体的には、次の書類を提出してください。
① 申請者が法人の場合
　最終事業年度以前3事業年度分の貸借対照表及び損益計算書を添付してください。なお、本書の25ページで説明している「経営基礎要件（酒税法10条10号）」のc及びdの要件に該当している場合には、免許申請が可能かどうか、あらかじめ税務署酒類指導官に相談することをお勧めします。
② 申請者が個人の場合
　最近3年間の収支計算書等を添付してください。

(7) 土地及び建物の登記事項証明書

　登記事項証明書は、土地・建物が実在することを確認するために必要な書類です。申請販売場の所在する土地及び建物に係る登記事項の全部を証明した全部事項証明書を添付してください。
　申請販売場に係る建物の全部事項証明書の所在欄に記載されている地番が複数の地番にまたがる場合は、そのすべての地番に係る土地の全部事項証明書が必要になります。
　登記情報提供サービスによる登記情報を印刷したものは、申請等の添付書類とすることはできませんのでご注意ください。

(8) その他参考となるべき書類

　以上の他に、税務署長から提出を求められる書類として、次の書類を準備しておく必要があります。

① 所要資金の調達方法に関する書類
   a　自己資金で賄う場合
    ・銀行が発行する「残高証明書」または「預金通帳」の写し
   b　融資による場合
    ・金融機関からの融資
      …借入をする金融機関の融資証明書
    ・金融機関以外からの融資
      …金銭消費貸借契約書等の写し及び融資者の原資内容を証明する書類（融資者の預金通帳の写し等）

② 酒類の予定仕入先の取引承諾書（次ページ参照）
　酒類を仕入れられることを証明するために必要な資料です。

③ 酒類販売管理者選任届出書
　酒類小売業者は、販売場ごとに酒類の販売業務を開始するときまでに「酒類販売管理者」を選任しなければなりません。

　酒類販売管理者は、3年以内に酒類販売管理研修を受講した者の中から選任する必要がありますので、酒類の販売に従事する者の中に、3年以内に酒類販売管理研修を受講した者がいない場合には、酒類の販売を開始する日までに酒類販売管理研修を受講させる必要があります。

　酒類販売管理者を選定したら、「酒類販売管理者選任届」に「酒類販売管理研修の受講票」の写しを添付して提出してください。

第1章　一般酒類小売業免許申請書の記入例

●取引承諾書（仕入先）の記入例

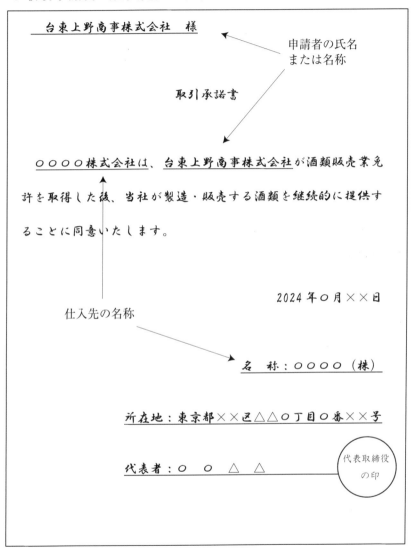

●酒類販売管理者選任届出書の記入例

令和6年12月10日

財務大臣 殿 ❶

届出者
住所 東京都台東区上野1丁目1番1
氏名(名称) 台東上野商事株式会社
　　　　　　代表取締役 上野 太郎

酒類販売管理者選任(解任)届出書

酒税の保全及び酒類業組合等に関する法律第86条の9第4項の規定により、下記のとおり酒類販売管理者の選任(解任)について届け出ます。

記

1 販売場の名称及び所在地　❷
　(名　称) 上野ストア一丁目店
　(所在地) 東京都台東区上野1丁目1番地1、1番地2

2 酒類販売管理者の氏名、住所及び生年月日
　○ 選任した酒類販売管理者　　　　　　　○ 解任した酒類販売管理者 ❾
　(フリガナ) うえの じろう　　　　　　　(フリガナ)
　(氏　名) 上野 次郎　　　　　　　　　　(氏　名)　　　　　　　　❸
　(住　所) 〒110-0005　　　　　　　　　　(住　所) 〒
　　　　　東京都台東区上野1丁目1番1号

　(生年月日) 昭和45年1月1日　　　　　　(生年月日)

3 酒類販売管理者の役職名等
　○ 選任した酒類販売管理者　　　　　　　○ 解任した酒類販売管理者 ❿　❹
　　上野ストア一丁目店店長

4 酒類販売管理者の選任(解任)年月日　❺
　☑ 選任　令和6年12月1日
　☐ 解任

5 酒類販売管理研修の受講年月日及び研修実施団体の名称　❻
　(受講年月日) 令和6年11月10日
　(実施団体名) ○○小売酒販組合

6 雇用期間　平成○年○月○日　❼

7 従事させる業務内容
　　店舗の運営・管理、従業員の指導
8 解任の理由　❽

| ※税務署整理欄 | 入力年月日 | ・　・ | 担当者 | |

❶ 「財務大臣」と記入します。
　提出先は、酒類販売業免許申請書を提出した税務署です。酒類販売管理者を選任してから2週間以内に提出してください。
❷ 販売場の名称及び所在地を記入します。所在地は、地番で記入します。
❸ 選任した酒類販売管理者の氏名、住所、生年月日を記入します。
❹ 選任した酒類販売管理者の会社での役職名を記入します。
❺ 「選任」にチェックを入れ、選任した日を記入します。
❻ 酒類販売管理研修の受講年月日及び研修実施団体の名称を記入します。
　酒類販売管理研修の受講証の写しを添付します。
❼ 酒類販売管理者に選任した者の雇用期間を記入します。
　雇用期間の定めがない場合は、雇用開始日を記入します。
　役員を酒類販売管理者に選任した場合は、役員が酒類販売場となる店舗で従事を始めた日を記入します。
❽ 酒類販売管理者の酒類販売場での業務内容を記入します。
　経営者の場合には、「会社の運営全般」、店長の場合は「店舗の運営・管理、従業員の指導」など具体的な業務内容を記入します。
❾ 酒類販売管理者を変更する場合等で解任する酒類販売管理者がいる場合は、解任する酒類販売管理者の氏名、住所、生年月日を記入します。
❿ ❾に記入した解任した酒類販売管理者の解任前の役職名を記入します。

（9）一般酒類小売業免許申請書（a）チェック表の記入例

CC1-5104-2(1)

一 般 酒 類 小 売 業 免 許 申 請 書 （ a ） チ ェ ッ ク 表

※ 一般酒類小売業免許申請書の提出時に太線の枠内を記載して、添付してください。

この申請についての連絡先住所、電話番号及び担当者氏名	東京都台東区上野1－1－1 台東上野商事株式会社　上野　太郎　電話03－〇〇〇〇－〇〇〇〇 ❶

《酒類販売業免許申請書及び申請書次葉1～6》

記載事項	確認事項　❷	確認	税務署整理欄
販売場の所在地及び名称	・不動産登記法による全ての地番、住居表示による所在地及び名称等が記載されているか ・ふりがなの記載漏れはないか	〇	
申請する販売業免許等の種類	「一般酒類小売業免許」と記載されているか	〇	
販売しようとする酒類の品目の範囲及び販売方法	「全酒類、通信販売を除く小売に限る。」と記載されているか	〇	
販売業免許申請書次葉1（販売場の敷地の状況）	建物の全体図に、申請販売場の位置が明示されているか	〇	
販売業免許申請書次葉2（建物等の配置図）	・申請販売場と一体として機能する倉庫等が明示されているか ・酒類の標識の掲示、陳列場所における表示が明示されているか	〇	
販売業免許申請書次葉3（事業の概要）	店舗等の広さ、什器備品等について記載漏れはないか	〇	
販売業免許申請書次葉4（収支の見込み）	申請販売場の店舗に照らし合わせた合理的な収支見積りが組まれているか	〇	
販売業免許申請書次葉5（所要資金の額及び調達方法）	自己資金による場合は資金繰書、資金捻出の根拠説明書又は残高証明書等、融資による場合は金融機関の証明書又は融資者の原資内容を証明する書類を添付しているか	〇	
販売業免許申請書次葉6（「酒類の販売管理の方法」に関する取組計画書）	酒類販売管理者の選任予定者の氏名及び年齢等が記載されているか	〇	

《添付書類》

添付書類	確認事項　❸	確認	税務署整理欄
酒類販売業免許の免許要件誓約書	・誓約事項に漏れはないか ・誓約すべき者に漏れはないか（申請者、申請法人の監査役を含めた役員全員、申請者の法定代理人及び申請販売場の支配人）	〇	
申請者の履歴書	・提出すべき者の漏れはないか ・申請者が法人の場合には、法人の監査役など、役員全員分が添付されているか	〇	
定款の写し	申請者が法人の場合、添付されているか	〇	❹
複数申請等一覧表	全ての申請販売場について、所要資金等を記載しているか	／	
地方税の納税証明書	・都道府県及び市区町村が発行する納税証明書（未納税額がない旨及び2年以内に滞納処分を受けたことがない旨の証明）をそれぞれ添付しているか ・法人については、証明事項に「特別法人事業税」を含めているか	〇	❺
申請書次葉3付属書類	土地、建物、施設又は設備等が賃貸借の場合は賃貸借契約書（写）、建物が建築中の場合は請負契約書（写）、農地の場合は農地転用許可関係書類（写）を添付しているか	〇	❻
最終事業年度以前3事業年度の財務諸表	最終事業年度以前3事業年度分があるか（個人の場合には、収支計算書等）（注）	／	❼
土地及び建物の登記事項証明書	・全部事項証明書を添付しているか ・申請販売場の建物が複数の土地にまたがる場合には、その全ての地番にかかる土地の登記事項証明書を添付しているか	〇	❽
その他参考となるべき書類		〇	❾
免許申請書チェック表	申請書の記載事項及び添付書類の確認欄に〇印を付しているか	〇	

❶ 免許申請に関する連絡先について、住所、電話番号、担当者名を記入します。
　行政書士が免許申告を代行する場合は、行政書士の事務所の住所、電話番号、行政書士の氏名を記入してください。

❷ 酒類販売業免許申請書及び申請書次葉1～6の内容について、記載漏れや記入間違いがないか確認して確認欄に○を付けます。

❸ 添付書類に漏れがないか確認し、確認欄に○を付けます。提出しなくてよいものまたは該当がないものについては、確認欄に斜線を引きます。

❹ 申請者が法人の場合には、定款の写しが必要です。

❺ 都道府県の納税証明書と市区町村の納税証明書が必要です。酒類販売業免許申請に必要な納税証明書は、課税額の証明書ではなく、「未納税額がない旨及び2年以内に滞納処分を受けたことがない旨」の証明書ですので注意してください。東京都23区の場合には、区の納税証明書はありません。

❻ 申請者が申請場所を販売場として利用できることを証明するために、土地、建物、施設または設備等が賃貸借の場合は賃貸借契約書の写し、建物が建築中の場合は請負契約書の写し、農地の場合は農地転用許可関係書類の写しが必要です。

❼ 過去3年分の所得税の確定申告書（申請者が個人の場合）または法人税の確定申告書（申請者が法人の場合）を税務署に提出している場合には、添付を省略することができます。

❽ 申請販売場にかかる土地及び建物の全部事項証明書が必要です。建物の敷地が複数の土地にまたがる場合には、そのすべての地番にかかる土地の登記事項証明書が必要です。

❾ 「仕入先の取引承諾書」「預金通帳」の写しなどを添付します。

第2章
通信販売酒類小売業免許申請書の記入例

1　ネットショップで酒類を販売する場合の酒類販売業免許申請書の記入例

　本章では、ネットショップで酒類を販売する場合の酒類販売業免許申請書の記入例について解説します。

　通信販売酒類小売業免許は、消費者が一般酒販店では購入することができない輸入酒類や地酒等を、通信手段を用いて販売するために設けられた免許であり、販売方法や販売する酒類の範囲に制限が設けられています。

　すなわち、販売方法については、①2都道府県以上の広範な地域の消費者等を対象として、インターネットやカタログの送付等によって商品の内容、販売価格その他の条件を提示して、②電話、FAX、郵便、その他の通信手段によって申込みを受けて、③当該提示した条件に従って酒類を販売することが条件とされており、販売する酒類の範囲についても、輸入酒類については品目の制限はありませんが、国産酒類については1年間の酒類の品目ごとの課税移出数量がすべて3,000kl未満である酒類製造者（これを「特定酒類製造者」という）が製造、販売する酒類に限定されています。

　通信販売酒類小売業免許の申請に当たっては、輸入酒類だけを販売するのか、国産酒類も販売するのかによって、申請書の書き方が異なりますし、提出する添付書類も異なります。特に、すべての品

目の1年間の課税移出数量が3,000kl未満であることの酒類製造者の証明書やカタログ（ネット販売の場合にはWEBサイト）のサンプルの提出を求められるところが、一般酒類小売業免許の申請と大きく異なります。

　本章では、こうした点についても具体的に例を挙げて解説しています。

(1) 酒類販売業免許申請書の記入例

CC1-5104

酒類販売業免許申請書

整理番号 ※

収受印

❶ 令和6年7月7日

申請者

(住所) 〒110-0005
東京都台東区上野1丁目1番1号

(電話) 03
〇〇〇〇
〇〇〇〇 ❸

❷ 東京上野 税務署長 殿

(氏名又は名称及び代表者氏名)
(ふりがな) たいとううえのしょうじ　うえの　たろう
台東上野商事株式会社
代表取締役　上野　太郎 ❹

酒類の販売業免許を受けたいので、酒税法第9条第1項の規定により関係書類を添付して下記のとおり申請します。

記

販売場の所在地及び名称	(地番) 東京都台東区上野1丁目1番地1、1番地2 (詳細は別添図面のとおり)	❺
	(住居表示) 〒110-0005 東京都台東区上野1丁目1番1号	❻
	(ふりがな) ねっとしょっぷうえの (名称) ネットショップ上野 (電話) 03-0000-0000	❼
業態	□一般酒店　□コンビニエンスストア　□スーパーマーケット □百貨店　□量販店　□業務用卸主体店　□ホームセンター □ドラッグストア　☑その他（インターネット等による通信販売）	❽
酒類販売管理者の選任（予定）	(ふりがな) うえの　じろう　（役職、申請者との関係、生年月日等） (氏名) 上野　次郎　ネットショップ上野店長 昭和〇年〇月〇日	❾
申請する販売業免許等の種類	通信販売酒類小売業免許	❿
販売しようとする酒類の品目の範囲及び販売方法	販売する酒類の範囲は、輸入酒類に限る。 酒類の販売方法は、2都道府県以上の広範な地域の消費者等を対象として、カタログ等（インターネット等によるものを含む）を使用して販売のための誘引行為を行い、通信手段により購入の申込みを受け、配達により商品の引渡しを行う小売販売で、かつ、酒類の購入申込者が20歳未満の者でないことを確認できる手段を講ずる場合に限る。	⓫
臨時販売場の開設区分		臨時販売場の開設期間	令和　年　月　日から 令和　年　月　日まで	⓬
申請の理由	日本国内において、海外酒類をインターネット等の通信手段を使用して販売することで、更なる事業の発展を図るため。	⓭
既に有している主たる酒類販売場の明細	所在地	なし			⓮
	名称		所轄税務署名		税務署

| 受理番号 | ※ | | 審査順位 | ※ | | 局署番号 | ※ | |
| 申請書入力 | ※（　月　日） | | | | | | | |

❶ 申請書を提出する日の日付を記入します。
❷ 提出先の税務署名を記入します。
❸ 本店所在地の住所と電話番号を記入します。
❹ 申請者の名称を記入します。
　個人の場合は氏名、会社の場合は、会社名並びに代表者の役職及び氏名を記入します。ふりがなも忘れずに記入してください。
❺ 販売場となる建物のある場所の地番を記入します。
　建物の「全部事項証明書」に記載されている住所（所在）を記入してください。地番が複数ある場合は、すべて記入してください。
❻ 販売場となる建物のある場所の住所（住居表示）を記入します。
❼ 免許申請する店舗（ネットショップ等）の名称を記入します。
❽ 「その他」にチェックして、「インターネット等による通信販売」等と記入します。
❾ 酒類販売管理者となる者の氏名、役職、申請者との関係、生年月日を記入します。酒類販売管理者は、3年以内に「酒類販売管理研修」を受講している者の中から選任する必要があります。
❿ 通信販売を行う場合には、「通信販売酒類小売業免許」と記入します。
⓫ 販売予定の酒類が輸入酒類だけの場合は、このように記入します。

※販売予定の酒類に国産酒類が含まれる場合は、次ページの記入例を参考にしてください。

⓬ 臨時販売場を開設しない場合は、記入する必要はありません。
⓭ 免許申請をする理由を簡潔に記入します。
⓮ 既に取得している酒類販売業免許がある場合は、その所在地、名称、所轄税務署名を記入します。初めて免許を申請する場合は、「なし」と記入します。

●⓫「販売しようとする酒類の品目の範囲及び販売方法」欄の記入例

【記載例1】《輸入した果実酒を販売しようとする場合》

> 販売する酒類の範囲は、輸入酒類に限る。
> 酒類の販売方法は、2都道府県以上の広範な地域の消費者等を対象としてカタログ等（インターネット等によるものを含む）を使用して販売のための誘引行為を行い、通信手段により購入の申込みを受け、配達により商品の引渡しを行う小売販売で、かつ、酒類の購入申込者が20歳未満の者でないことを確認できる手段を講ずる場合に限る。

※輸入する酒類の品目が複数ある場合も記入事項は同じです。

【記入例2】《国内で特定製造者により製造された清酒と単式蒸留焼酎を販売しようとする場合》

> 販売する酒類の範囲は、国産酒類のうち次に該当する清酒及び単式蒸留焼酎に限る。
> カタログ等（インターネット等によるものを含む）の発行年月日の属する会計年度（4月1日から翌年の3月31日までの期間をいう）の前会計年度における酒類の品目ごとの課税移出数量が、すべて3,000kl未満である酒類製造者が製造、販売する酒類。
> 酒類の販売方法は、2都道府県以上の広範な地域の消費者等を対象としてカタログ等（インターネット等によるものを含む）を使用して販売のための誘引行為を行い、通信手段により購入の申込みを受け、配達により商品の引渡しを行う小売販売で、かつ、酒類の購入申込者が20歳未満の者でないことを確認できる手段を講ずる場合に限る。

【記入例3】《国内で特定製造者により製造された清酒と、輸入果実酒を販売しようとする場合》

> 販売する酒類の範囲は、輸入酒類及び国産酒類のうち次に該当する清酒に限る。
> カタログ等（インターネット等によるものを含む）の発行年月日の属する会計年度（4月1日から翌年の3月31日までの期間をいう）の前会計年度における酒類の品目ごとの課税移出数量が、すべて3,000kl未満である酒類製造者が製造、販売する酒類。
> 酒類の販売方法は、2都道府県以上の広範な地域の消費者等を対象としてカタログ等（インターネット等によるものを含む）を使用して販売のための誘引行為を行い、通信手段により購入の申込みを受け、配達により商品の引渡しを行う小売販売で、かつ、酒類の購入申込者が20歳未満の者でないことを確認できる手段を講ずる場合に限る。

【記入例4】《地方の特産品等を原料として、特定製造者以外の製造者に製造委託した酒類（清酒及び単式蒸留焼酎）を販売しようとする場合》

> 販売する酒類の範囲は、国産酒類のうち次に該当する清酒及び単式蒸留焼酎に限る。
> 地方の特産品等（製造委託者が所在する地方の特産品等に限る）を原料として、特定製造者以外の製造者に製造委託する酒類であり、かつ、当該酒類の一会計年度における製造委託者ごとの製造委託数量の合計が3,000kl未満である酒類。
> 酒類の販売方法は、2都道府県以上の広範な地域の消費者等を対象としてカタログ等（インターネット等によるものを含む）を使用して販売のための誘引行為を行い、通信手段により購入の申込みを受け、配達により商品の引渡しを行う小売販売で、かつ、酒類の購入申込者が20歳未満の者でないことを確認できる手段を講ずる場合に限る。

輸入酒類の場合、品目は記入する必要はありません。

【特定製造者とは】
国産酒類のうち、カタログ等の発行年月日の属する会計年度（4月1日から翌年3月31日までの期間をいう）の前会計年度における酒類の品目ごとの課税移出数量が、すべて3,000kl未満である酒類製造者をいいます。

国産酒類の場合は、販売できる酒類の品目の範囲が取引予定の特定酒類製造者（取引承諾書または酒類の品目ごとの課税移出数量がすべて3,000kl未満であることの証明書を提出している特定製造者）が製造している品目に限定されます。

輸入酒類については販売できる酒類の範囲は限定されませんが、国産酒類については、販売できる酒類の品目の範囲が、取引予定の特定製造者が製造している品目に限定されます。

地方の特産品を原料とする酒類の場合は、特定製造者以外の製造者が製造する酒類であっても、製造委託者（地方の特産品を原料とする酒類を販売しようとする者）が委託して製造する酒類の一会計年度の製造数量が3,000kl未満であれば通信販売の対象となります。

(2) 酒類販売業免許申請書　次葉1の記入例

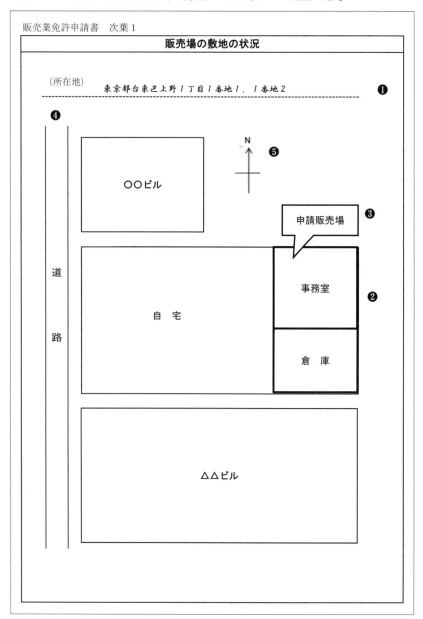

❶　販売場となる建物のある場所の地番を記入します。
❷　販売場兼事務室、倉庫の位置を明示します。
　　申請販売場が建物の一部である場合は、建物の全体図（申請販売場のある階の部分）に、その位置を明示します。
❸　建物の全体図に、申請販売場の位置を明示（太線で囲む）します。
❹　道路の位置を明示します。
❺　方角を明示します。

(3) 酒類販売業免許申請書　次葉2の記入例

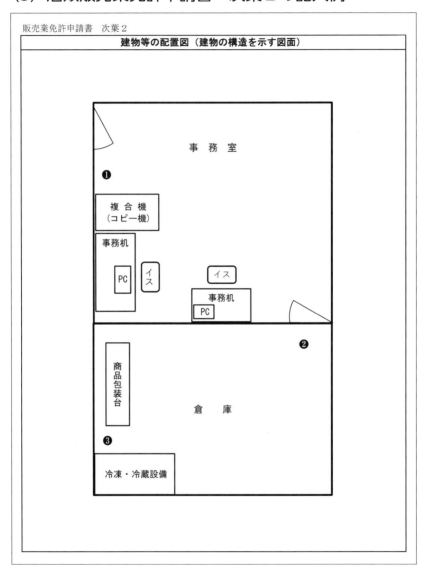

❶　販売場となる事務室内の配置（机、椅子、パソコン、コピー機などの配置）を明示します。通信販売に必要な機器（パソコン、FAX等）は必ず記入してください。

❷　申請販売場と一体として機能する倉庫等についても明示します。

❸　冷蔵庫、冷蔵設備等の設置場所を明示します。

(4) 酒類販売業免許申請書 次葉3の記入例

販売業免許申請書 次葉3

事業の概要（販売設備状況書）

区　　分	数　量　等	
(1)　敷　地　（<s>自己所有</s>・借地）	220 ㎡	❶
(2)　建　物　（<s>自己所有</s>・借用）	170 ㎡	❷
イ　店舗	— ㎡	
ロ　事務所	20 ㎡	❸
ハ　倉庫	15 ㎡	❹
(3)　車両運搬具　（自己所有）		
イ		
ロ		
ハ		
ニ		
(4)　什器備品		❺
イ　パソコン	2 台	
ロ　プリンタ	1 台	
ハ　事務机・椅子	2 組	
ニ　複合機（コピー機）	1 台	
ホ　冷凍・冷蔵設備	1 基	
ヘ　商品包装台	1 台	
ト		
チ		
リ		
ヌ		
(5)　従業員（アルバイトを含む。）	4 人	❻
うち常勤	2 人	❼

132

❶　建物のある敷地全体の面積を記入します。
　　建物の敷地になっているすべての土地の面積の合計を記入してください。
❷　酒類売場のある建物の床面積（2階以上の建物の場合には、酒類販売場のある階の床面積）を記入します。
❸　販売場となる事務所の床面積を記入します。
❹　倉庫がある場合には、倉庫の床面積を記入します。
❺　事務所、倉庫等に配置される什器備品（机、椅子、パソコン、冷蔵設備など）の種類と数量を記入します。
❻　事業に従事する従業員の数（アルバイトを含む）を記入します。
❼　上記のうち、常勤の従業員の数を記入します。

(5) 酒類販売業免許申請書 次葉4の記入例

販売業免許申請書 次葉4

収支の見込み（兼事業の概要付表）

1	酒類の予定仕入先	（取引先名） 〇〇〇WINERY	（所在地） 〇〇〇 Street, Brooklyn, NY, xxxx	❶
2	酒類の予定販売先	（取引先名） インターネット等の通信手段により受注販売するため、全国の消費者	（所在地）	❷
3	収支見積			❸

			円	
収入の部	(1)酒類の売上金額		10,800,000	❹
	(2)その他の商品の売上金額		24,000,000	
	(3)その他の収入			
	A 収入金額合計 (1)+(2)+(3)		34,800,000	
支出の部	(1)期首棚卸商品		円 950,000	❹
	(2)酒類の仕入金額		9,360,000	
	(3)その他の商品の仕入金額（外注費含む）		15,600,000	
	仕入金額合計 (2)+(3)		24,960,000	
	期末棚卸商品		900,000	
	B 売上原価合計 (1)+仕入金額合計－期末棚卸商品		25,010,000	
	C 売上総利益 (A－B)		9,790,000	
	D 販売費及び一般管理費		7,900,000	
	E 営業利益 (C－D)		1,890,000	
	F 営業外収益及び特別収益		2,500,000	
	G 営業外費用及び特別損失		1,500,000	
	H 総利益金額 (E+F－G)		2,890,000	

4	販売見込数量及び算出根拠	【販売見込数量】 0.864 kℓ】	❹
	全国の消費者が対象となるため、令和4年度の全国の酒類消費量（国税庁統計年報書（令和4年度版））から算出しました。 　取り扱う酒類の販売価格帯から、1か月の販売見込数量を約100本（1日約3本強）として算出しました。		❺

5	その他参考事項（定休日、営業時間など）	
	定休日：　なし 営業時間：　24時間営業（年中無休） 　　　　　　発送業務等については、月～金曜日	❻

❶ 取引（仕入）を予定している輸出業者または酒類メーカーの名称及び住所を記入します。取引先の発行する取引承諾書を提出する必要があります。

　なお、国産酒類を取り扱う場合には、仕入先（酒類製造者または酒類卸売業者）の発行する取引承諾書のほかに酒類製造者の発行するすべての品目の酒類課税移出数量が3,000kl未満であることを証明する「証明書」が必要です。

❷ 取引先がインターネットによる通信販売の場合、「インターネット等の通信手段により受注販売するため、全国の消費者」等と記入します。

❸ 収支見積は、直前期の財務諸表を基に酒類の販売計画を織り込んで記入します。

❹ 酒類の売上金額、酒類の仕入金額、販売見込数量は、別に作成する添付資料「酒類の販売予定数量及び仕入予定数量の明細」（次ページ参照）から転記します。

❺ 酒類販売見込数量の算出根拠を簡記します。販売見込数量は、国税庁が公表している統計資料や自店の販売実績などを基に算出します。

❻ 定休日、営業時間などを記入します。

●酒類の販売数量及び仕入数量の明細の記入例

酒類の販売数量及び仕入数量の明細（通信販売）

	区　分	容器の容量	本数	単価	売上数量	売上金額
酒類の販売数量及び販売金額		mℓ	本	円	ℓ	円
	清酒					
	合成清酒					
	連続式蒸留しょうちゅう					
	単式蒸留しょうちゅう					
	みりん					
	ビール				❶	
	果実酒	720	1,200	9,000	864	10,800,000
	甘味果実酒					
	ウイスキー					
	ブランデー					
	発泡酒					
	その他の醸造酒					
	スピリッツ					
	リキュール					
	粉末酒及び雑酒					
	合　　計				864	10,800,000

	区　分	容器の容量	本数	単価	仕入数量	仕入金額
酒類の仕入数量及び仕入金額		mℓ	本	円	ℓ	円
	清酒					
	合成清酒					
	連続式蒸留しょうちゅう					
	単式蒸留しょうちゅう					
	みりん					
	ビール				❷	
	果実酒	720	1,200	7,800	864	9,360,000
	甘味果実酒					
	ウイスキー					
	ブランデー					
	発泡酒					
	その他の醸造酒					
	スピリッツ					
	リキュール					
	粉末酒及び雑酒					
	合　　計				864	9,360,000

この明細書は所定のものではありませんが、次葉 4 の酒類販売数量や販売金額、酒類仕入数量や仕入金額の算出根拠として求められる可能性が高いので作成しておくことをお勧めします。様式は特に定められていません。

この明細書には、酒類の仕入販売に関する見込数量及び見込金額を記入します。取り扱う品目についてだけ記入してください。

❶　販売見込数量（売上数量）は、国税庁が公表している統計資料や自店の販売実績などを基に算出します。

　（参考資料）

　　　国税庁統計年報書（令和〇年版）…現在、令和 4 年版まで発行されています。97 ページを参照にしてください。

　（統計表）　第Ⅲ編　間接国税編

　　　　　　　8　酒税

　　　　　　　8 - 4　販売（消費）数量

　　　　　　　（1）　酒類の販売（消費）数量

　　　　　　　（3）　都道府県別の販売（消費）数量

　　　　　　　8 - 5　免 許 場 数

　　　　　　　（3）　酒類販売業免許場数及び酒類販売業者数

　　　　　　　（5）　都道府県別の免許場数

❷　自己が輸入した酒類の仕入単価は、酒類の輸入価格に輸送料・関税・酒税などを合計した金額になります。

(6) 酒類販売業免許申請書 次葉5の記入例

販売業免許申請書 次葉5

所要資金の額及び調達方法

1	所要資金の算出根拠				
	(1)	仕入（見込み）			
		① 酒類の年間仕入額		9,360 千円	❶
		② 酒類の月間仕入額（①×1/12）		780 千円	❷
		③ 在庫　　　　（②×1/2）		390 千円	❸
		④ 最初の月の所要資金（②+③）		1,170 千円	❹
		※ 酒類の商品回転率を月間1回転としました。最初の月の所要資金として、月間仕入金額に在庫分1/2月分を加算しました。			
	(2)	設備			❺
		酒類の販売のため、新たに冷蔵設備を設置します。			
		設備費及び什器備品購入費		2,000 千円	
				千円	
				千円	
	(3)	予備費		千円	❻
2	所有資金				❼
	(1)	普通預金（○○銀行／××支店）		7,900 千円	
	(2)			千円	
	(3)			千円	
	(4)			千円	
3	最初の月に必要とされる資金は3,170千円であるが、自己資金は上記のとおりであり、必要な資金は十分に有している。				❽

❶ 酒類の年間仕入額は、次葉4の「3　収支見積」の「支出の部」(2)の仕入金額を転記します。

❷ 酒類の月間仕入数量は、年間仕入額を営業月数（12月）で除して算出します。

❸ 在庫は、❷の月間仕入額の2分の1として計算します。
　在庫を持たない場合は、その旨を記入してください。

❹ 最初の月の所要資金は、❷の月間仕入額と❸の在庫金額を足して算出します。

❺ 酒類販売のための設備（冷蔵庫・冷蔵設備等）を購入する場合には、設備投資の内容と設備投資にかかる費用を記入します。
　設備投資がない場合には、「酒類販売のための新たな設備投資はない」旨を記入します。

❻ 酒類販売のための予備費がある場合には、予備費の額を記入してください。

❼ 酒類販売をスタートするに当たり準備する所要資金の調達方法を記入します。所有資金は、酒類販売を始めるために必要な所要資金を超える金額が必要です。
　所有資金の内容について証明する書類（銀行預金の残高証明書、預金通帳の写しなど）を添付します。

❽ 自己資金が不足し、融資を受ける場合には、借入れをする金融機関の融資額も記入してください。銀行融資を受ける場合は、銀行の「融資証明書」が必要です。

(7) 酒類販売業免許申請書　次葉6の記入例

CC1-5104-1(6)
販売業免許申請書　次葉6

「酒類の販売管理の方法」に関する取組計画書

（酒類販売管理者の選任予定者）❶
上野　次郎（年齢：○○歳）

（酒類小売販売場の所在地及び名称）❸
東京都台東区上野一丁目1番地1、1番地2
ネットショップ上野

（酒類販売管理研修の受講予定等）❷
受講日又は受講予定日：令和　6年○月○日
研修実施団体：○○小売酒販組合

（店舗全体の面積）❹　20.0 ㎡
（酒類売場の面積）❺　20.0 ㎡

（営業時間）❻
24時間　年中無休
配送業務は月～金曜日

（酒類販売管理者に代わる責任者（予定者）の人数及び氏名等）　総数：1 ❼

氏　名（年齢）	指名の基準	氏　名（年齢）	指名の基準	氏　名（年齢）	指名の基準
上野　三郎（○○歳）	(7)	（　　歳）		（　　歳）	
（　　歳）		（　　歳）		（　　歳）	

(注)「指名の基準」欄には、次の《責任者の指名の基準》のいずれかに該当する番号を記載してください。

《責任者の指名の基準》
以下(1)～(7)に掲げるいずれかに該当する場合には、当該販売場において酒類の販売業務に従事する者の中から酒類販売管理者に代わる者を責任者として必要な人数を指名し、配置してください。
(1) 夜間（午後11時から翌日5時）において、酒類の販売を行う場合（成年者の指名をお願いします。）
(2) 酒類販売管理者が常態として、その選任された販売場に長時間（2～3時間以上）不在となることがある場合
(3) 酒類売場の面積が著しく大きい場合（100平方メートルを超えるごとに、1名以上の責任者を指名）
(4) 同一建物内において酒類売場を設置している階が複数ある場合（酒類販売管理者のいない各階ごとに、1名以上の責任者を指名）
(5) 同一の階にある複数の酒類売場が著しく離れている場合（20メートル以上離れている場合）
(6) 複数の酒類売場が著しく離れていない場合であっても、同一の階において酒類売場の点在が著しい場合（3箇所以上ある場合）
(7) その他酒類販売管理者のみでは酒類の適正な販売管理の確保が困難と認められる場合

（申請する免許の条件）❽
1：卸売業　②：小売業（卸小売兼業を含む）　3：期限付小売業　（免許期間の開始希望日：令和　年　月　日）

（小売販売の業態等の区分）❾
1：一般酒販（酒屋、酒類専門店等）　2：コンビニエンスストア　3：スーパーマーケット　4：百貨店
5：1～4以外の量販店（ディスカウントストア等）　6Ⓐ：業務用卸主体店　6Ⓑ：ホームセンター・ドラッグストア
6Ⓒ：その他（**インターネットによる通信販売**）
※「6Ⓒ：その他」については、具体的に記載してください。

酒類の販売業免許の申請書の記載事項である「酒類の販売管理の方法」については、本様式に記載する方法によるものとします。❿

	項　目	区　分	※ 税務署整理欄 （実態確認状況）
酒類販売管理者関係	1　酒類の販売業務を開始するときまでに、酒類販売管理研修を過去3年以内に受けた者の中から酒類販売管理者を選任する。	ⓘはい　いいえ	□ 適 □ 不適
	2　公衆の見やすい所（通信販売を行う場合は、カタログ等（インターネットを含む））に、酒類販売管理者の氏名や酒類販売管理研修の受講事績等を記載した標識を掲示する。	ⓘはい　いいえ	□ 有 □ 無
二十歳未満の者の飲酒防止関係	1　20歳未満と思われる者に対して、身分証明書等により年齢確認を行う。	ⓘはい　いいえ	□ 適 □ 不適
	2　20歳未満の者の飲酒防止に関するポスターを掲示する。	ⓘはい　いいえ	□ 有 □ 無
	3　「その他の取組」の概要　※上記以外の取組をしている場合にその内容を具体的に記載してください。 （例）「レジに啓発のためのグッズ等を置く」、「レジ袋に20歳未満の者の飲酒防止啓発のための表示をする」等		

❶ 酒類販売管理者に選任を予定している者の氏名と年齢を記入します。

❷ 酒類販売管理研修の受講年月日及び研修受講団体を記入します。申請後に受講する場合には、受講予定年月日を記入してください。研修は、免許を取得するまでに受講する必要があります。

❸ 酒類販売場の所在地（地番）と販売場の名称を記入します。

❹ 店舗全体の床面積を記入します（次葉３の（２）イの店舗面積と同じになる）。

❺ 上記のうち、酒類売場の面積を記入します。

❻ 定休日及び営業時間等を記入します。

❼ 酒類販売管理者が不在の場合に、酒類販売管理者の代理となる酒類販売責任者を選任し、選任した酒類販売責任者の人数、選任した酒類販売管理者の氏名及び年齢を記入します。「指名の基準」欄には、(注)に書かれている指名基準の番号を記入してください。

❽ 申請する免許の条件に○を付けます。通信販売を行う場合には、「２：小売業」に○を付けてください。

❾ 小売販売場の業態に○を付けます。ネットショップで通信販売を行う場合は、「６ⓒ：その他」に○を付けて、括弧内に「インターネットによる通信販売」と記入してください。

❿ 「酒類販売管理者関係」、「二十歳未満の者の飲酒防止関係」及び「二十歳未満の者の飲酒防止に関する表示基準の実施状況」の各項目について、「はい」、「いいえ」のうち該当するほうに○を付けます。

【酒類販売管理者関係】及び【二十歳未満の者の飲酒防止関係】

いずれかの項目で「いいえ」に○が付いている場合には、酒類指導官が状況を確認し、改善されない場合には、免許が付与されないことがあります。

二十歳未満の者の飲酒防止に関する表示基準の実施予定	1 酒類の陳列場所を設けて販売する。 ⑪	はい・**いいえ**		
	(1) 消費者が酒類に触れられない状態に置き、手渡しで販売する。	はい・いいえ		
	(2) 酒類と他の商品との売場を壁や間仕切り等で分離又は区分する。	はい・いいえ	□ 適（□ 分離・□ 区分） □ 不適	
	(3) 酒類の陳列場所に、表示基準に則って「酒類の売場である」又は「酒類の陳列場所である」旨の表示を行う。	はい・いいえ	□ 適 □ 不適	
	(4) 酒類の陳列場所に、表示基準に則って「20歳以上の年齢であることを確認できない場合には酒類を販売しない」旨の表示を行う。	はい・いいえ	□ 適 □ 不適	
	2 酒類の通信販売（インターネットを含む）を行う。 ⑫ (注) 1 この表示基準でいう「通信販売」とは、「通信販売酒類小売業免許」を付与されて行うものに限らず、一般酒類小売業者が免許条件の範囲内で行う通信販売を含み、商品の内容・価格などをカタログ、新聞折込みチラシなどで提示し、郵便、電話、ファックスなどの方法で注文を受けて行う販売をいいます。 2 「いいえ」に「○」を付した方は、次の(1)及び(2)の記載は不要です。	**はい**・いいえ		
	(1) 酒類の通信販売（インターネットを含む）における広告、カタログ、申込書、納品書等に、表示基準に則って「20歳未満の者に対しては酒類を販売しない」旨の表示を行う。	はい・いいえ	□ 適 □ 不適	
	酒類の購入申込書等に年齢記載欄を設ける。	はい・いいえ	□ 適 □ 不適	
	(2) 酒類の配達を行う旨のチラシに「20歳未満の者に対しては酒類を販売しない」旨の表示を行う。	はい・いいえ	□ 適 □ 不適	
	3 酒類の自動販売機を設置しない。 ⑬	**はい**・いいえ	□ 有 □ 無	

※ 以下は、酒類の自動販売機を設置する予定がない場合には記載する必要はありません。

《酒類の自動販売機に対する表示基準の実施予定》

	順　号					※ 税務署整理欄 （実態確認状況）
自動販売機の設置予定年月		令　年　月	令　年　月	令　年　月	令　年　月	
自動販売機の種類		改良型・ 改良型以外	改良型・ 改良型以外	改良型・ 改良型以外	改良型・ 改良型以外	
自動販売機の設置位置		店内・店外	店内・店外	店内・店外	店内・店外	
二十歳未満の者の飲酒防止に関する表示基準の実施予定に	20歳未満の者の飲酒は禁止されている旨	有・無	有・無	有・無	有・無	□ 適 □ 不適
	免許者の氏名又は名称	有・無	有・無	有・無	有・無	□ 適 □ 不適
	酒類販売管理者の氏名	有・無	有・無	有・無	有・無	□ 適 □ 不適
	連絡先の所在地及び電話番号	有・無	有・無	有・無	有・無	□ 適 □ 不適
	販売停止期間	有・無	有・無	有・無	有・無	□ 適 □ 不適
販売停止等のためのタイマーの設置の有無		有・無	有・無	有・無	有・無	□ 適 □ 不適
セレクトボタン部分への酒類である旨の表示の有無		有・無	有・無	有・無	有・無	□ 適 □ 不適

【二十歳未満の者の飲酒防止に関する表示基準の実施状況】

❶❶　酒類を商品棚等に並べて販売しないので、「いいえ」に○を付けます。「いいえ」に○を付けた場合には、(1)〜(4)は記入する必要はありません。

❶❷　通信販売を行うので、「はい」に○を付けます。

　(1)、(2)のいずれかの項目で、「いいえ」に○が付いている場合には酒類指導官が状況を確認し、改善されない場合には、免許が付与されないことがあります。

❶❸　酒類の自動販売機を設置しない場合には、「はい」に○を付けます。「はい」に○を付けた場合には、「酒類の自動販売機に対する表示基準の実施予定」は記入する必要はありません。

　酒類の自動販売機を設置する場合には、「いいえ」に○を付け、設置する自動販売機ごとに必要事項を記入します。

2　通信販売酒類小売業免許申請書の添付書類の留意事項及び記入例

(1) 酒類販売業免許の免許要件誓約書

　「酒類販売業免許の免許要件誓約書」は、申請者（法人の場合には役員を含む）が、酒税法に定められた酒類販売業免許の欠格要件（人的要件、場所的要件、経営基礎要件、需給調整要件）に該当しないことを誓約するものです。

　通信販売酒類小売業免許申請を行う場合には、「酒類販売業免許の免許要件誓約書（通信販売酒類小売業免許申請用）」（CC1-5104-9）に記入します。

　誓約の内容を偽るなどの不正行為があった場合には、次のような処分の対象となりますのでご注意ください。
① 　不正行為が審査段階で判明した場合…免許拒否処分
② 　不正行為により免許を取得した場合…免許取消処分

　なお、不正行為により酒類販売業免許を取得した場合には、その不正行為によって取得した免許だけでなく、その者が取得している全ての免許について取消処分を受ける場合があります。

●酒類販売業免許の免許要件誓約書の記入例

CC1-5104-9 ❶

酒類販売業免許の免許要件誓約書
(通信販売酒類小売業免許申請用)

<u>　東京上野　</u>税務署長　殿

申請─(申出・申告)─ 販売場の所在地及び名称	東京都台東区上野1丁目1番地1、1番地2 ネットショップ上野 ❷

申請(申出・申告)者が個人の場合

私(及び法定代理人)の免許要件について、別紙1及び2のとおり誓約します。
なお、この誓約内容に偽りがあった場合、酒税法の規定により、その事実が①審査段階で判明したときは拒否処分、②免許取得後に判明したときは免許の取消処分を受けることがあることを承知しています。

　　　　　　　　　　　　　　令和　　年　　月　　日
(申請(申出・申告)者の住所)
(氏　　　　　　名) ❸

下記法定代理人は、誓約内容を確認しているので、各法定代理人それぞれの誓約に代え、代表して誓約します。
(法定代理人氏名)
　　　　　　　　　　　　　　令和　　年　　月　　日
(法定代理人住所)
(法定代理人氏名)
(申請(申出・申告)者との関係) ❹

申請─(申出)─者が法人の場合

当社及び役員等の免許の要件について、別紙1及び2のとおり誓約します。
なお、この誓約内容に偽りがあった場合、酒税法の規定により、その事実が①審査段階で判明したときは拒否処分、②免許取得後に判明したときは免許の取消処分を受けることがあることを承知しています。

　　　　　　　　　　　令和6年 7月1日
(申請─(申出)─者の所在地)　東京都台東区上野1丁目1番1号
(名称及び代表者氏名)　台東上野商事株式会社
　　　　　　　　　　　代表取締役　上野　太郎 ❺

下記役員等は、誓約内容を確認しているので、各役員等それぞれの誓約に代え、代表して誓約します。
(役職及び氏名) ❻
　代表取締役　上野　太郎
　取　締　役　○○　○○
　取　締　役　△△　△△
　監　査　役　××　××
　　　　　　　　　　　令和6年 7月1日
(名　　　　　称)　台東上野商事株式会社
(代　表　者　氏　名)　代表取締役　上野　太郎 ❼
　　　　　　　(別紙1及び2を添付して提出してください。)

1/3

(別紙1)

誓　約　項　目		申請者等の誓約内容			順号
		申請(申出・申告)者	役員等	法定代理人	
1 酒税法10条1号から8号関係（人的要件）					—
1号関係	申請（申出・申告）者が酒税法(12条1,2,5,6号、13条、14条1,2,4号)の規定により免許を取り消されたことがない又はアルコール事業法の規定により許可を取り消されたことがない。	はい・いいえ	はい・いいえ○	はい・いいえ	①
	［上記で「いいえ」に○を付した場合］ 　申請（申出・申告）時において、免許又は許可を取り消された日から3年を経過している。	はい・いいえ	はい・いいえ	はい・いいえ	
2号関係	申請（申出・申告）者が1号に該当する法人の業務執行役員をしていた者でその取消しの日から3年を経過するまでの間の申請（申出・申告）でない。 　○ 酒類の製造者又は販売業者である法人が、酒税法（12条1,2,5,6号、13条、14条1,2,4号）の規定により免許を取り消された法人 　○ アルコール事業法の許可を受けた法人で、同法の規定により許可を取り消された法人	はい・いいえ（個人のみ）	はい・いいえ○		②
3号関係	申請（申出・申告）者が未成年者のときに、その法定代理人が1,2,7,7の2,8号に該当しない。❽	はい・いいえ（個人のみ）			③
4号関係	申請（申出）者又は法定代理人が法人の場合にその役員が1,2,7,7の2,8号に該当しない。	はい・いいえ（法人のみ）		はい・いいえ（法人のみ）	④
5号関係	支配人が1、2、7、7の2、8号に該当する者でない。❾	はい・いいえ			⑤
6号関係	申請（申出・申告）者が免許の申請前2年内において国税又は地方税の滞納処分を受けていない。	はい・いいえ○			⑥
7号関係	国税等に関する法律の規定により罰金の刑に処せられ又は通告処分を受けたことがない。	はい・いいえ	はい・いいえ	はい・いいえ	⑦
	［上記で「いいえ」に○を付した場合］ 　申請（申出・申告）時において、それぞれ、その刑の執行を終わり、若しくは執行を受けることがなくなった日又はその通告の旨を履行した日から3年を経過している。	はい・いいえ	はい・いいえ	はい・いいえ	
7号の2関係	二十歳未満ノ者ノ飲酒ノ禁止ニ関スル法律若しくは暴力団員による不当な行為の防止等に関する法律等の規定により、又は刑法等に定める一定の罪を犯したことにより、罰金の刑に処せられたことがない。	はい・いいえ	はい・いいえ	はい・いいえ	⑧
	［上記で「いいえ」に○を付した場合］ 　申請（申出・申告）時において、その執行を終わった日又は執行を受けることがなくなった日から3年を経過している。	はい・いいえ	はい・いいえ	はい・いいえ	
8号関係	禁錮以上の刑に処せられたことがない。	はい・いいえ（個人のみ）	はい・いいえ○	はい・いいえ	⑨
	［上記で「いいえ」に○を付した場合］ 　申請（申出・申告）時において、その執行を終わった日又は執行を受けることがなくなった日から3年を経過している。	はい・いいえ（個人のみ）	はい・いいえ	はい・いいえ	
【理由等】					
2 酒税法10条9号関係（場所的要件） 申請販売場が取締上不適当と認められる場所でない。					—
(1)	申請販売場が酒類の製造場、酒類の販売場、酒場、料理店等と同一場所でない。	はい○・いいえ			⑩
(2)	申請販売場の申請者の営業が販売場の区画割り、専属の販売従事者の有無、代金決済の独立性その他販売行為において他の営業主体の営業と明確に区分されている。	はい○・いいえ			⑪
【理由等】					

第2章　通信販売酒類小売業免許申請書の記入例

(別紙2)

誓　約　項　目	申請者等の誓約内容			順号
	申請 (申出・申告)者	役員等	法定代理人	
3　酒税法10条10号関係（経営基礎要件） 　(注)　酒税法10条10号関係の要件を充足するかどうかについては、次の事項から判断します。				―
(1)　申請(申出)者が、破産手続開始の決定を受けて復権を得ていない場合に該当しない。	はい・いいえ			⑫
(2)　事業経営のための経済的信用の薄弱、経営能力の貧困等経営の基礎が薄弱であると認められない。				―
イ　現に国税若しくは地方税を滞納していない。	はい・いいえ	はい・いいえ		⑬
ロ　申請(申出)前1年以内に銀行取引停止処分を受けていない。	はい・いいえ	はい・いいえ		⑭
ハ　最終事業年度における確定した決算に基づく貸借対照表の繰越損失が資本等の額を上回っていない。	はい・いいえ (法人のみ)	はい・いいえ		⑮
ニ　最終事業年度以前3事業年度の全ての事業年度において資本等の額の20％を超える欠損となっていない。	はい・いいえ (法人のみ)	はい・いいえ		⑯
ホ　酒税に関係のある法令に違反し、通告処分を受けていない又は告発されていない。	はい・いいえ	はい・いいえ		⑰
ヘ　建築基準法等の法令又は条例に違反しており、建物の除却又は移転を命じられていない。	はい・いいえ			⑱
ト　酒類の適正な販売管理体制を構築することができる。	はい・いいえ			⑲
(3)　申請(申出)者は、経験その他から判断し、適正に酒類の通信販売を行うため十分な知識、経営能力及び販売能力を有すると認められる者又はこれらの者が主体となって組織する法人である。	はい・いいえ			⑳
(4)　申請(申出)者は、酒類の販売業を継続して行うために必要な所要資金を賄うに足りる所有資金等を有している。	はい・いいえ			㉑
(5)　酒類の販売業を継続して行うために必要な販売施設及び設備を有している又は必要な資金を有し免許を付与するまでに販売施設及び設備を有することが確実と認められる。	はい・いいえ			㉒
(6)　販売方法が特定商取引に関する法律の消費者保護関係規定に準拠し、「二十歳未満の者の飲酒防止に関する表示基準」を満たし、又はこの定めを満たすことが確実である。	はい・いいえ			㉓
(7)　酒類の購入申込者が20歳未満の者でないことを確認できる手段を講ずる。	はい・いいえ			㉔
【理由等】				
4　酒税法10条11号関係（需給調整要件） 　酒税の保全上酒類の需給の均衡を維持する必要があるため、酒類の販売業免許を与えることが適当でないと認められる場合に当たらない。				―
販売しようとする酒類の範囲が、(1)国産酒類のうち、①カタログ等の発行年月日の属する会計年度の前会計年度における酒類の品目ごとの課税移出数量が、全て3,000キロリットル未満である酒類製造者（特定製造者）が製造、販売する酒類、②地方の特産品等（製造委託者が所在する地方の特産品等に限る。）を原料として、特定製造者以外の製造者に製造委託する酒類であり、かつ、当該酒類の一会計年度における製造委託者ごとの製造委託数量の合計が3,000キロリットル未満である酒類、又は、(2)輸入酒類である。	はい・いいえ			㉕
【理由等】				
5　酒税法14条1号関係 　偽りその他不正の行為により、酒類の販売業免許を受けていない。　⑩	はい・いいえ			㉖
6　酒税法14条3号関係 　2年以上引き続き、酒類の販売業を休業していない。　⑩	はい・いいえ			㉗

3/3

【酒類販売業免許の免許要件誓約書の記入方法】

❶ 「酒類販売業免許の免許要件誓約書」（通信販売酒類小売業免許申請用）（様式番号　CC1-5104-9）を使用します。

❷ 申請販売場の所在地は、地番を記入します。

❸ 申請者が個人の場合は、こちらに申請者の住所と氏名を記入します。

❹ 申請者に法定代理人（酒類の販売業に関して代理権を有する人）がいる場合には、その法定代理人を記入します。

❺ 申請者が法人の場合は、こちらに申請法人の住所、法人名及び代表者の氏名を記入します。

❻ 申請法人の監査役を含むすべての役員及び支配人の役職及び氏名を記入します。

❼ 代表取締役が、すべての役員が誓約事項を確認していることを、役員の代表として誓約します。

【酒類販売業免許の免許要件誓約書別紙の記入方法】

誓約者は、必要な「誓約項目」について、「誓約内容」欄の「はい」または「いいえ」のいずれかに○を付けてください。誓約内容について「いいえ」に○を付けた場合には、「理由等」欄に該当項目の番号を記入した上で、その理由を記入してください。

誓約が必要な事項は次ページの「酒類販売業免許の免許要件誓約書誓約事項一覧表」のとおりですが、申請（申出）者が個人か法人かなどによって誓約事項が異なりますので注意してください。

❽ 申請者が個人で未成年者の場合のみ記入します。

❾ 支配人がいない場合には記入する必要はありません。

❿ 誓約項目の５及び６については、酒類販売業免許を取得していない場合（初めて酒類販売業免許の申請を行う場合）は、記入する必要はありません。回答欄に斜線を引いてください。

●酒類販売業免許の免許要件誓約書　誓約事項一覧

順号	個人	法人	法人役員
酒類販売業免許の免許要件誓約書（通信販売酒類小売免許）			
【人的要件（酒税法10条1号から8号関係）】			
①	○	○	○
②	○		○
③	○		
④		○	
⑤	○	○	
⑥	○	○	
⑦	○	○	○
⑧	○	○	
⑨	○		○
【場所的要件（酒税法10条9号関係）】			
⑩	○	○	
⑪	○	○	
【経営基礎要件（酒税法10条10号関係）】			
⑫	○	○	
⑬	○	○	◎
⑭	○	○	◎
⑮		○	◎
⑯		○	◎
⑰	○	○	◎
⑱	○	○	
⑲	○	○	
⑳	○	○	
㉑	○	○	
㉒	○	○	
㉓	○	○	
㉔	○	○	
【需給調整要件（酒税法10条11号関係）】			
㉕	○	○	
【酒税法14条1号関係】			
㉖			
【酒税法14条3号関係】			
㉗			

（注1）個人事業者が申請する場合と法人が申請する場合で、誓約する項目が異なりますので注意してください。

（注2）法人役員欄の「◎」は代表権を有する役員及び主たる出資者の誓約事項、「○」は全役員の誓約事項です。

（注3）㉖及び㉗は、初めて免許申請を行う場合は、記入する必要はありません。

(2) 申請者の履歴書

　履歴書は、申請者（法人の場合は全役員）の経営経験及び酒類業に従事した経歴などを確認するための資料です。

　申請者が法人の場合は、監査役を含むすべての役員及び支配人（登記されている支配人に限る）の履歴書が必要です。

　経営経験や酒類・食品の製造・販売に関する業務に従事した期間がある場合にはできるだけ詳しく記入してください。履歴書に記入された経営経験や酒類・食品の製造・販売に関する業務の経験が審査の対象になります。

●履歴書の記入例

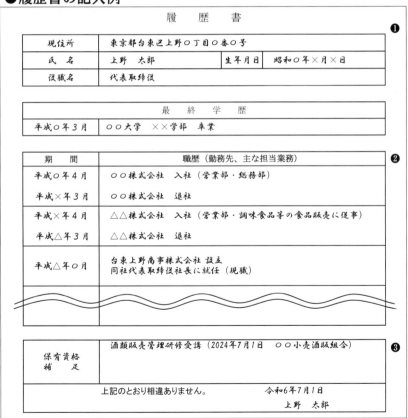

❶　様式は特に定められていません。市販の履歴書様式でも構いません。
　　役員が複数選任されている場合は、監査役を含む役員全員の履歴書が必要です。
❷　職歴を古いほうから順に記入します。
　　経営経験や酒類・食品の製造業務や販売業務に従事した期間がある場合は、できるだけ詳しく記入してください。通信販売酒類小売業免許の申請を行うためには概ね３年以上の経営経験が必要です。
❸　酒類販売管理研修を受講している場合は、必ず記入してください。受講予定の場合には、受講予定である旨及び受講予定日を記入してください。

(3) 法人の定款の写し

申請者が法人の場合は、定款の写しを添付してください。申請者が申請販売場の所在地を管轄する税務署管内に既に免許を受けた酒類販売場を有している場合は添付を省略することができます。

定款には、法人の目的として「酒類の販売」を行うことが明示されている必要があります。

(4) 地方税の納税証明書

納税証明書は、申請者に地方税の滞納がないこと及び2年以内に滞納処分を受けたことがないことを確認するための資料です。

申請者が法人の場合は、本店所在地、個人の場合は住所地の属する都道府県及び市区町村の納税証明書が必要です。

申請者について、地方税に係る次の事項の証明がされた納税証明書が必要です。
① 未納の税額がないこと
② 2年以内に滞納処分を受けたことがないこと

法人については、証明事項に「特別法人事業税」を含めてください。

2年以内に都道府県・市区町村を異にする本店移転・転居があった場合は、移転・転居前の都道府県・市区町村から交付を受けた納税証明書も併せて添付してください。

同時期に複数の申請書を提出する場合は、そのうちいずれか1つの申請書に納税証明書の原本を添付すれば、他の申請書にはコピーの添付で差し支えありません。この場合、納税証明書のコピーに、原本を添付した申請書を提出した税務署名を記入してください。

国税（「特別法人事業税」を除く）についての納税証明書は、添付不要です。

(5) 賃貸借契約書等の写し（申請書次葉3付属書類）

　賃貸借契約書等は、申請者が申請販売場を確実に使用できることを確認するために必要な書類です。申請販売場を設置する建物が自己（自社）所有なのか賃借物件なのかによって提出する書類が異なります。
① 申請販売場の土地、建物、設備等が賃借物件の場合
　　賃貸借契約書等（申請販売場の建物等を確実に使用できることが確認できる書類）の写し（転貸の場合は所有者から申請者までの賃貸借契約書等の写し）を添付してください（114ページPOINT9を参照）。
② 申請販売場の建物等が未建築の場合
　　請負契約書等（申請販売場の建物等を今後建築することが確認できる書類）の写しを添付してください。
　　申請販売場の建築予定地が農地等であり、建物を建築するために農地の転用の許可等を必要とするなど、法令や条例により許可等が必要となる場合には、その許可等の申請に係る関係書類の写しを添付してください。

(6) 最終事業年度以前3事業年度の財務諸表

　最終事業年度以前3事業年度の財務諸表は、経営基礎要件である財務状況を確認するために必要な書類です。過去3年分の所得税または法人税の確定申告書（添付書類を含む）を税務署に提出している場合は、添付を省略することができます。
　具体的には、次の書類を提出してください。
① 申請者が法人の場合
　　最終事業年度以前3事業年度分の貸借対照表及び損益計算書を添付してください。なお、本書の30ページで説明している「経

営基礎要件（酒税法 10 条 10 号）」の c 及び d の要件に該当している場合には、免許申請が可能かどうか、あらかじめ税務署酒類指導官に相談することをお勧めします。
② 申請者が個人の場合
　　最近 3 年間の収支計算書等を添付してください。

(7)　土地及び建物の登記事項証明書

　登記事項証明書は、土地・建物が実在することを確認するために必要な書類です。申請販売場の所在する土地及び建物に係る登記事項の全部を証明した全部事項証明書を添付してください。
　申請販売場に係る建物の全部事項証明書の所在欄に記載されている地番が複数の地番にまたがる場合は、そのすべての地番に係る土地の全部事項証明書が必要になります。
　登記情報提供サービスによる登記情報を印刷したものは、申請等の添付書類とすることはできませんので注意してください。

(8)　その他参考となるべき書類

　以上の他に、税務署長から提出を求められる書類として、次の書類を準備しておく必要があります。
① 所要資金の調達方法に関する書類
　a　自己資金で賄う場合
　　　銀行が発行する「残高証明書」または「預金通帳」の写し
　b　融資による場合
　・金融機関からの融資
　　　…借入をする金融機関の融資証明書
　・金融機関以外からの融資
　　　…金銭消費貸借契約書等の写し及び融資者の原資内容を証

明する書類（融資者の預金通帳の写し等）
② 酒類の予定仕入先の取引承諾書（記入例は 156 ページ）
酒類を仕入れられることを証明するために必要な資料です。
③ 販売する酒類が通信販売の対象となる酒類であることの証明書（記入例は 157 ページ）

通信販売で販売することができる国産酒類は、商品カタログ掲載年月日の属する会計年度（4 月 1 日から 3 月 31 日）の前会計年度における酒類の品目ごとの課税移出数量が、すべて 3,000kl 未満である酒類製造者が製造・販売する酒類に限られています。

したがって、国産酒類を販売する場合には、すべての品目の酒類の課税移出数量が 3,000kl 未満である酒類製造者の証明書が必要です。

④ ネット通販サイトのサンプル（記入例は 158 ページ）
通販サイトに酒税法及び関係法令に規定されている表示事項が適正に表示されるかを確認するために必要な書類です。
⑤ 酒類販売管理者選任届出書（記入例は 166 ページ）
酒類小売業者は、販売場ごとに酒類の販売業務を開始するときまでに「酒類販売管理者」を選任しなければなりません。

酒類販売管理者は、3 年以内に酒類販売管理研修を受講した者のなかから選任する必要がありますので、酒類の販売に従事する者のなかに 3 年以内に酒類販売管理研修を受講した者がいない場合には、酒類の販売を開始する日までに酒類販売管理研修を受講させる必要があります。

酒類販売管理者を選定したら、「酒類販売管理者選任届」に「酒類販売管理研修の受講証」の写しを添付して提出してください。

●取引承諾書（仕入先）の記入例

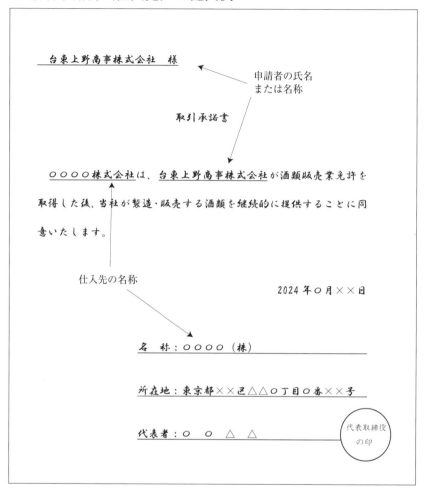

●製造数量証明書の記入例

　　台東上野商事株式会社　様　←―――――　申請者の氏名または名称

　　　　　　　　　　証　　明　　書

　平成11年6月25日付課酒1―36ほか4課共同「酒税法及び酒類行政関係法令等解釈通達の制定について（法令解釈通達）」第2編第10条第11号関係4に定める通信販売酒類小売業免許の対象酒類について、下記のとおり証明します。

　　　　　　　　　　　　　記

　当社の　令和○会計年度（4月1日から翌年3月31日までの期間をいう。）における酒類の品目ごとの課税移出数量は、すべて3,000キロリットル未満である。

取り扱う酒類の酒類製造者
の名称　　　　　　　　　　　　　　　　　　2024年○月××日

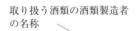

　　　　　　名　称：○○○○株式会社

　　　　　　所在地：東京都××区△△○丁目○番××号

　　　　　　代表者：　　○○　△△　　

（代表取締役の印）

●通販サイトサンプル記入例
① 商品選択画面１

② 商品選択画面2

ネットショップ上野

商品名　○○正宗大吟醸

品　目　清　酒

容　量　720ml

販売価格　3,300円（税込）

※10,000円以上は送料無料

カートに入れる

（価格表示に使用する文字以上の大きさで表示します。）

２０歳未満の者の飲酒は法律で禁止されています。
２０歳未満の者に対しては酒類を販売しません。

③ 商品確定画面（カート内）

ネットショップ上野

商品名　○○正宗大吟醸

品　目　清　酒

容　量　720ml

販売価格　3,300円（税込）

送　料　550円（税込）

購入手続きに進む

（価格表示に使用する文字以上の大きさで表示します。）

２０歳未満の者の飲酒は法律で禁止されています。
２０歳未満の者に対しては酒類を販売しません。

④　購入者情報入力画面

```
┌─────────────────────────────────────────────┐
│  ネットショップ上野                              │
│                                               │
│       ※　購入者の情報を入力してください。        │
│                                               │
│     氏　名   [                    ]           │
│                                               │
│     郵便番号 [                    ]           │
│     住　所                                    │
│                                               │
│     電話番号 [                    ]           │
│                                               │
│     メールアドレス [               ]           │
│                                               │
│     年　齢                    [     ]歳        │
│     ※ 20歳未満の者には酒類を販売しません。      │
│                                               │
│     ＊お支払方法選択         ┌──────────────┐ │
│         □ クレジットカード    │年齢記載欄を設けた上で、その│
│         □ 銀行振込            │近接する場所に表示します。 │
│         □ コンビニ払い        └──────────────┘ │
│         □ 代金引換                             │
│       ※ 該当欄にチェックしてください。          │
│                                               │
│                                               │
│              [      次　へ      ]              │
│                                               │
└─────────────────────────────────────────────┘
```

⑤ 注文内容確認画面

```
ネットショップ上野

ご注文内容確認

【お客様情報】                          【ご注文内容】
氏　名　　〇〇〇〇              ※ 商品名：〇〇正宗　大吟醸
郵便番号　〒###-####             ※ 代金：3,300円（内消費税 300円）
住　所　　〇〇県〇〇市〇〇××-××    ※ 送料：550円（内消費税50円）
電話番号　××-××××-×××           請求総額：3,850円
メールアドレス　〇〇〇@×××.×××       ※ お支払い：クレジットカード
                                ※注文確定後3営業日以内に発送いたします。


（契約の解除に関する事項）
商品が届いてから〇日間以内であれば、返品（全額返金）を承ります。
返品の際の返送料については、原則としてお客様の御負担となります。
不良品の場合には返送料も当社負担で 返品または交換の対応をいたします。
返品手続用の連絡窓口：　03－〇〇〇〇－〇〇〇〇
              mailto: info@×××.co.jp

         [注文内容を確認する]            [注文内容を修正する]


 ２０歳未満の者の飲酒は法律で禁止されています。
 ２０歳未満の者に対しては酒類を販売しません。
```

⑥　注文確認通知メール

○○　○○　様

この度は、お買い上げいただきありがとうございました。
ご注文について、下記のとおり承りました。

【ご注文内容】
商品名：○○正宗　大吟醸
価格：3,300円（税込）
個数：1個
送料：550円（税込）
合計：3,850円

【ご請求金額】
ご請求金額：3,850円
お支払方法：クレジットカード

【お届け先】
申込者と同じ

〒110-0000
東京都台東区上野○丁目○番地○号
台東上野商事株式会社
担当者：上野　太郎
電話：03－○○○○－○○○○
mailto：info@×××.co.jp

２０歳未満の者の飲酒は法律で禁止されています。
２０歳未満の者に対しては酒類を販売しません。

⑦ 前払式通信販売の承諾等の通知（例）

※前払いの場合は、承諾通知の作成が必要です。

〇〇　〇〇　様

この度は、お買い上げいただきありがとうございました。　・・・❶
ご注文について、入金を確認いたしました。
〇月〇日までに、〇〇便で商品を発送いたします。　　　　・・・❻

【ご注文内容】　・・・❺
商品名：〇〇正宗　大吟醸
価格：　3,300円（税込）
個数：1個
送料：550円（税込）
合計：3,850円

【決済金額】　・・・❸
ご請求金額：3,850円

【決済方法】
クレジットカード

【決済日】　・・・❹
　令和6年7月1日

【お届け先】
申込者と同じ

〒110-0000
東京都台東区上野〇丁目〇番地〇号　　　・・・❷
台東上野商事株式会社
担当者：上野　太郎
電話：03－〇〇〇〇－〇〇〇〇
mailto：info@×××.co.jp

２０歳未満の者の飲酒は法律で禁止されています。
２０歳未満の者に対しては酒類を販売しません。

特定商取法に基づく前払式の承諾通知の必要記載事項

❶ 申込を承諾した旨
❷ 事業者の住所・氏名・電話番号
❸ 受領した金銭の額
❹ 金銭を受け取った年月日
❺ 商品名・数量
❻ 商品の引渡時期

⑧ 納品書・請求書

〇〇 〇〇 様

No. ××××
令和6年7月7日

〒110-0005
東京都台東区上野1丁目1番1号
台東上野商事株式会社
TEL：03-〇〇〇〇-〇〇〇〇
登録番号：T×××××××

納品書・請求書

この度は、お買い上げ誠にありがとうございます。
下記のとおり納品いたしますので、ご確認の程よろしくお願いいたします。

記

商 品 名	単 価	数量	金額（税込）
〇〇正宗大吟醸	3,300	1	3,300
	合　　計		3,300
	うち消費税（10%）		300
	送　　料		550
	ご請求合計		3,850

２０歳未満の者の飲酒は法律で禁止されています。
２０歳未満の者に対しては酒類を販売しません。

⑨ 特定商取引法に基づく表記

特定商取引法に基づく表記

事業者の名称および連絡先

販売業者名	台東上野商事株式会社
販売責任者	上野　太郎
所在地	東京都台東区上野1丁目1番1号
電話番号	03-○○○○-○○○○
メールアドレス	info@×××.co.jp

商品引渡し時期	代金入金確認後、○日以内に発送いたします。
商品代金以外の料金	送料　全国一律　550円（沖縄県、北海道を除く） 　　　　北海道　　××円 　　　　沖縄県　　××円 ※購入金額（税抜）が10,000円以上の場合は無料
支払時期	注文日から○日以内にお支払いください。
支払方法	銀行振込、クレジット決済、コンビニ決済、代金引換
返品・交換・キャンセル等	商品到着より○日以内に限り、返品に応じます。 送料は、商品に欠陥がある場合のみ当方が負担します。

酒類販売管理者標識	（販売場の所在地）	東京都台東区上野1-1-1
	（販売場の名称）	ネットショップ上野
	（酒類販売管理者の氏名）	上野　太郎
	（酒類販売管理研修受講年月日）	令和○年○月○日
	（次回研修の受講期限）	令和○年○月○日
	（研修実施団体名）	○○小売酒販組合

●酒類販売管理者選任届出書の記入例

令和6年12月10日

財務大臣 殿 ❶

届出者
住所　東京都台東区上野1丁目1番1号
氏名(名称)　台東上野商事株式会社
　　　　　　代表取締役　上野 太郎

酒類販売管理者選任(解任)届出書

酒税の保全及び酒類業組合等に関する法律第86条の9第4項の規定により、下記のとおり酒類販売管理者の選任(解任)について届け出ます。

記

1　販売場の名称及び所在地
　　(名　称)　ネットショップ上野
　　(所在地)　東京都台東区上野1丁目1番地1、1番地2

2　酒類販売管理者の氏名、住所及び生年月日
　　○　選任した酒類販売管理者　　　　　　　　○　解任した酒類販売管理者 ❾
　　　(フリガナ)　うえの　じろう　　　　　　　　(フリガナ)
　　　(氏　名)　上野　次郎　　　　　　　　　　(氏　名)
　　　(住　所)　〒110-0005　　　　　　　　　　(住　所)　〒
　　　　　　　東京都台東区上野○丁目○番○号

　　　(生年月日)　昭和45年○月×日　　　　　　(生年月日)

3　酒類販売管理者の役職名等
　　○　選任した酒類販売管理者　　　　　　　　○　解任した酒類販売管理者 ❿
　　　ネットショップ上野店店長

4　酒類販売管理者の選任(解任)年月日
　　☑選　任　　令和6年12月1日
　　□解　任

5　酒類販売管理研修の受講年月日及び研修実施団体の名称
　　(受講年月日)　令和6年11月10日
　　(実施団体名)　○○小売酒販組合

6　雇用期間　　平成○年○月○日

7　従事させる業務内容
　　　店舗の運営・管理、従業員の指導
8　解任の理由

❷
❸
❹
❺
❻
❼
❽

※税務署整理欄　｜入力年月日　｜　・　・　｜担当者

❶ 「財務大臣」と記入します。提出先は免許申請書を提出した税務署です。酒類販売管理者を選任してから２週間以内に提出してください。

❷ 販売場の名称及び所在地を記入します。所在地は、地番で記入します。

❸ 選任した酒類販売管理者の氏名、住所、生年月日を記入します。

❹ 選任した酒類販売管理者の会社での役職名を記入します。

❺ 「選任」にチェックを入れ、選任した日を記入します。

❻ 酒類販売管理研修の受講年月日及び研修実施団体の名称を記入します。

酒類販売管理研修の受講証の写しを添付してください。

❼ 酒類販売管理者に選任した者の雇用期間を記入します。

雇用期間の定めがない場合には、雇用開始日を記入してください。

役員を酒類販売管理者に選任した場合は、役員が酒類販売場となる店舗で従事を始めた日を記入します。

❽ 酒類販売管理者の酒類販売場での業務内容を記入します。

経営者の場合には、「会社の運営全般」、店長の場合は「店舗の運営・管理、従業員の指導」など具体的な業務内容を記入します。

❾ 酒類販売管理者を変更する場合等で、解任する酒類販売管理者がいる場合は、解任する酒類販売管理者の氏名、住所及び生年月日を記入してください。

❿ ❾に記入した解任した酒類販売管理者の解任前の役職名を記入します。

(9) 通信販売酒類小売業免許申請書チェック表の記入例

通信販売酒類小売業免許申請書チェック表

※ 通信販売酒類小売業免許申請書の提出時に太線の枠内を記載して、添付してください。

この申請についての連絡先住所、電話番号及び担当者氏名	東京都台東区上野1-1-1 台東上野商事株式会社　上野　太郎　電話03-0000-0000	❶

《①酒類販売業免許申請書及び申請書次葉1～6》

記載事項	確認事項 ❷	確認	税務署整理欄
販売場の所在地及び名称	・不動産登記法による全ての地番、住居表示による所在地及び名称等が記載されているか ・ふりがなの記載漏れはないか	○	
申請する販売業免許等の種類	「通信販売酒類小売業免許」と記載されているか	○	
販売業免許申請書次葉1 (販売場の敷地の状況)	建物の全体図に、申請販売場の位置が明示されているか	○	
販売業免許申請書次葉2 (建物等の配置図)	・申請販売場と一体として機能する倉庫等は明示されているか ・酒類の標識の掲示、陳列場所における表示は明示されているか	○	
販売業免許申請書次葉3 (事業の概要)	店舗等の広さ、什器備品等について記載漏れはないか	○	
販売業免許申請書次葉4 (収支の見込み)	申請販売場の店舗に照らし合わせた合理的な収支見積もりが組まれているか	○	
販売業免許申請書次葉5 (所要資金の額及び調達方法)	自己資金による場合は資金繰表、資金捻出の根拠説明書又は残高証明書等、融資による場合は金融機関の証明書又は融資者の原資内容を証明する書類を添付しているか	○	
販売業免許申請書次葉6 (「酒類の販売管理の方法」に関する取組計画書)	酒類販売管理者の選任予定者の氏名及び年齢等が記載されているか	○	

《添付書類》

添付書類	確認事項 ❸	確認	税務署整理欄	
酒類販売業免許の免許要件誓約書(通信販売酒類小売業免許申請用)	・誓約事項に漏れはないか ・誓約すべき者に漏れはないか(申請者、申請法人の監査役を含めた役員全員、申請者の法定代理人及び申請販売場の支配人)	○		
申請者の履歴書	・提出すべき者の漏れはないか ・申請者が法人の場合には、法人の監査役など、役員全員が添付されているか	○		
定款の写し	申請者が法人の場合、添付されているか	○		❹
契約書等の写し(申請書次葉3付属書類)	土地、建物、施設又は設備等が賃貸借の場合は賃貸借契約書(写)、建物が未建築の場合は請負契約書(写)、農地の場合は農地転用許可関係書類(写)を添付しているか	○		❺
地方税の納税証明書	・都道府県及び市区町村が発行する納税証明書(未納税額がない旨及び2年以内に滞納処分を受けたことがない旨の証明)をそれぞれ添付しているか ・法人については、証明事項に「特別法人事業税」を含めているか	○		❻
最終事業年度以前3事業年度の財務諸表	最終事業年度以前3事業年度分があるか (個人の場合には、収支計算書等)			❼
土地及び建物の登記事項証明書	・全部事項証明書を添付しているか ・申請販売場の建物が複数の土地にかかる場合には、その全ての地番に係る土地の登記事項証明書を添付しているか	○		❽
その他参考となるべき書類	(1) 販売しようとする酒類についての説明書、酒類製造者が発行する通信販売の対象となる酒類である旨の証明書又は製造委託契約書・同計画書等 (2) 酒類の通信販売における表示を明示したカタログ等(インターネット等によるものを含む。)のレイアウト図、申込書、納品書(案)等(次頁の内容についても確認しているか。)	○		❾

❶ 免許申請に関する連絡先について、住所、電話番号、担当者名を記入します。

行政書士が免許申請を代行する場合は、行政書士の事務所の住所、電話番号、行政書士の氏名を記入してください。

❷ 酒類販売業免許申請書及び申請書次葉１～６の内容について、記載漏れや記入間違いがないか確認して確認欄に○を付けます。

❸ 添付書類に漏れがないか確認し、確認欄に○を付けます。提出しなくてよいものまたは該当がないものについては、確認欄に斜線を引きます。

❹ 申請者が法人の場合は、定款の写しが必要です。

❺ 申請者が申請場所を販売場として利用できることを証明するために、土地、建物、施設または設備等が賃貸借の場合は賃貸借契約書の写し、建物が建築中の場合は請負契約書の写し、農地の場合は農地転用許可関係書類の写しが必要です。

❻ 都道府県の納税証明書と市区町村の納税証明書が必要です。酒類販売業免許申請に必要な納税証明書は、課税額の証明書ではなく、「未納税額がない旨及び２年以内に滞納処分を受けたことがない旨」の証明書ですので注意してください。東京都23区の場合には、区の納税証明書はありません。

❼ 過去３年分の所得税の確定申告書（申請者が個人の場合）または法人税の確定申告書（申請者が法人の場合）を税務署に提出している場合は、添付を省略することができます。

❽ 申請販売場にかかる土地及び建物の全部事項証明書が必要です。建物の敷地が複数の土地にまたがる場合には、そのすべての地番にかかる土地の登記事項証明書が必要です。

❾ 「仕入先の取引承諾書」、酒類製造者が発行する「通信販売の対象となる酒類である旨の証明書」、「酒類の通信販売における表示を明示したカタログ等（ネット販売による場合には通販サイト）」のサンプル、申込書、納品書の見本、預金通帳の写し等を添付します。

《(2)についての確認事項》 ⑩	確認	税務署整理欄
酒類の販売方法等について次の事項を満たしていること		
(1) 特定商取引に関する法律の消費者保護関係規定に準拠していること	○	
イ カタログ等(インターネット等によるものを含む。以下同じ。)に次の事項が表示されていること	○	
(イ) 商品の販売価格（販売価格に商品の送料が含まれない場合には、販売価格及び商品の送料）	○	
(ロ) 商品の代金の支払の時期及び方法	○	
(ハ) 商品の引渡時期	○	
(ニ) 商品の売買契約に係る申込みの期間に関する定めがあるときは、その旨及びその内容		
(ホ) 商品の売買契約の申込みの撤回又は解除に関する事項（その売買契約に係る返品特約がある場合はその内容を含む。）	○	
(ヘ) 販売業者の氏名又は名称、住所及び電話番号	○	
(ト) 法人の場合、インターネット等によるときは、販売業者の代表者又は通信販売に関する業務の責任者の氏名	○	
(チ) 販売業者が外国法人又は外国に住所を有する個人であって、国内に事務所等を有する場合には、当該事務所等の所在場所及び電話番号		
(リ) 上記(イ)以外に購入者が負担すべき金銭があるときは、その内容及びその額		
(ヌ) 引き渡された商品が種類又は品質に関して契約の内容に適合しない場合の販売業者の責任についての定めがあるときは、その内容		
(ル) 商品の売買契約を2回以上継続して締結する必要があるときは、その旨及び金額、契約期間その他の販売条件		
(ヲ) (リ)、(ヌ)、(ル)に掲げるもののほか、商品の販売数量の制限その他の商品の販売条件があるときは、その内容		
(ワ) 請求により交付する書面又は提供する電磁的記録が有料のときは、その額		
(カ) 電子メールで広告するときは、販売業者の電子メールアドレス	○	
ロ 商品の引渡しをする前に、商品の代金の全部又は一部を受領する場合は、申込みを承諾する旨の通知をすることとしていること	○	
(2) 二十歳未満の者の飲酒防止に関する表示基準に基づき、カタログ等（インターネット等によるものを含む。）に次の事項が表示されていること	○	
イ 「20歳未満の者の飲酒は法律で禁止されている」又は「20歳未満の者に対しては酒類を販売しない」旨（カタログ等）	○	
ロ 申込者の年齢記載欄を設けた上で、その近接する場所に「20歳未満の者の飲酒は法律で禁止されている」又は「20歳未満の者に対しては酒類を販売しない」旨（申込書等）（インターネット等により申込みを受ける場合には申込みする画面）	○	
ハ 「20歳未満の者の飲酒は法律で禁止されている」旨（納品書等）（インターネット等による通知を含む。）	○	
ニ 上記イからハについて、10ポイントの活字（インターネット等による場合には酒類の価格表示に使用している文字）以上の大きさの統一のとれた日本文字で明瞭に表示していること	○	
(3) 酒類業組合法に基づき、カタログ等（インターネット等によるものを含む。）の見やすい場所に次の①から⑤を記載した標識を表示していること	○	
① 販売場の名称及び所在地 ② 販売管理者の氏名 ③ 酒類販売管理研修受講年月日 ④ 次回研修の受講期限（③の3年後の前日） ⑤ 研修実施団体名 ⑪		

「標識」のイメージ

酒 類 販 売 管 理 者 標 識	
販 売 場 の 名 称 及 び 所 在 地	国税酒店 千代田区霞が関3-1-1
酒 類 販 売 管 理 者 の 氏 名	国税 太郎
酒類販売管理研修受講年月日	令和元年5月1日
次 回 研 修 の 受 講 期 限	令和4年4月30日
研 修 実 施 団 体 名	霞が関小売酒販組合

❿ 酒類の通信販売における表示を明示したカタログ等のレイアウト図、申込書、納品書（案）等について、表示されている項目に○を付けます。提出しなくてもよいものまたは該当がないものについては、確認欄に斜線を引きます。

⓫ 酒類業組合法に基づき、カタログ等の見やすい場所に酒類販売管理者標識を表示する必要があります。

●酒類販売管理者標識のイメージ

酒　類　販　売　管　理　者　標　識	
販売場の名称及び所在地	ネットショップ上野 東京都台東区上野１－１－１
酒類販売管理者の氏名	上野　次郎
酒類販売管理研修受講年月日	令和6年7月1日
次回研修の受講期限	令和9年6月30日
研修実施団体名	○○小売酒販組合

第3章

輸入酒類卸売業免許申請書の記入例

1 自己が輸入した酒類を卸売する場合の酒類販売業免許申請書の記入例

　本章では、自社（自分）で酒類を輸入して、酒類業者（酒類販売業者または酒類製造者）に販売する場合の酒類販売業免許申請書の記入例について解説します。

　取扱う酒類が自己が輸入したものではなく、他社が輸入した酒類を仕入れて卸売する場合は、洋酒卸売業免許など他の酒類販売業免許が必要になりますので注意してください。

　また、自己が輸入した酒類を卸売するだけでなく、ネットショップなどで一般消費者に販売する場合は通信販売酒類小売業免許、ホテルや料飲店等の料理飲食業者に販売する場合は一般酒類小売業免許を一緒に申請する必要があります。

　実際に酒類を輸入して販売する場合には、様々なパターンが考えられますが、ここではわかりやすくするために、自己の輸入した酒類（果実酒及びブランデー）を卸売する場合に限定した申請書類の記入例について説明します。

　なお、酒類を輸入する場合には、税関から引取る際に輸入した酒類に係る関税、酒税及び消費税を納付する必要があります。また、保税地域から酒類を引き取るときまでに、その容器の見やすい箇所に、輸入者の名称及び住所、酒類の引取先（酒類販売場）の所在地、

酒類の品目及び内容量等を、容易に識別することができる方法で表示しなければなりません。酒類の品目等の表示方法については、税関長に届け出る必要があります。

　酒類販売業免許の申請の段階では、税関長への表示方法の届出は必要ありませんので、本章では解説しておりません。なお、税関長に酒類の表示方法の届出を行う際には、酒類販売業免許の提示を求められますので、輸入酒類を引取るときまでに免許を取得する必要があります。

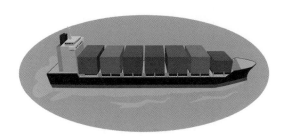

(1) 酒類販売業免許申請書の記入例

CC1-5104

酒類販売業免許申請書

| 収受印 | | 整理番号 | ※ |

❶ 令和6年7月7日

❷ 東京上野 税務署長 殿

申請者
(住所) 〒110-0005
東京都台東区上野1丁目1番1号
(電話) 03-○○○○-○○○○ ❸

(氏名又は名称及び代表者氏名)
(ふりがな) たいとううえのしょうじかぶしきがいしゃ　うえの たろう
台東上野商事株式会社
代表取締役 上野 太郎 ❹

酒類の販売業免許を受けたいので、酒税法第9条第1項の規定により関係書類を添付して下記のとおり申請します。

記

販売場の所在地及び名称	(地番) 東京都台東区上野1丁目1番地1、1番地2 (詳細は別添図面のとおり) ❺
	(住居表示) 〒110-0005 東京都台東区上野1丁目1番1号 ❻
	(ふりがな) たいとううえのしょうじかぶしきがいしゃ (名称) 台東上野商事株式会社 (電話) 03-○○○○-○○○○ ❼
業態	☐一般酒販店　☐コンビニエンスストア　☐スーパーマーケット ☐百貨店　☐量販店　☐業務用卸主体店　☐ホームセンター ☐ドラッグストア　☑その他（輸入酒類の卸売） ❽
酒類販売管理者の選任(予定)	(ふりがな)　　　　　　(役職、申請者との関係、生年月日等) (氏名) ❾
申請する販売業免許等の種類	輸入酒類卸売業免許 ❿
販売しようとする酒類の品目の範囲及び販売方法	自己の輸入した果実酒及びブランデーの卸売に限る。 ⓫
臨時販売場の開設区分		臨時販売場の開設期間	令和　年　月　日から 令和　年　月　日まで	⓬
申請の理由	海外の取引先から、取引先の取り扱うワイン及びブランデーを日本で販売してほしいとの要望があることから、酒類の輸入販売を開始し、業務を拡大したい。 ⓭
既に有している主たる酒類販売場の明細	所在地	なし			⓮
	名称		所轄税務署名	税務署	

❶ 申請書を提出する日の日付を記入します。
❷ 提出先の税務署名を記入します。
❸ 本店所在地の住所を記入します。
❹ 申請者の名称を記入します。
　個人の場合は氏名、会社の場合は会社名並びに代表者の役職及び氏名を記入します。ふりがなも忘れずに記入してください。
❺ 販売場となる建物のある場所の地番を記入します。建物の「全部事項証明書」に記載されている住所（所在）を記入してください。地番が複数ある場合は、すべて記入してください。ビルの場合はビル名及び部屋番号等も記入してください。
❻ 販売場となる建物のある場所の住所（住居表示）を記入します。ビルの場合はビル名及び部屋番号等も記入してください。
❼ 免許申請する店舗の名称を記入します。
❽ 「その他」にチェックして、「輸入酒類の卸売」と記入します。
❾ 酒類の小売販売を行わない場合は、酒類販売管理者を記入する必要はありません。
❿ 輸入酒類の卸売を行う場合には、「輸入酒類卸売業免許」と記入します。
⓫ 輸入酒類卸売業免許で販売できる酒類の範囲は、自己の輸入した酒類に限られていますので、「自己の輸入した果実酒及びブランデーの卸売に限る。」というように輸入する酒類の品目を特定して記入します。
⓬ 臨時販売場を開設しない場合は、記入する必要はありません。
⓭ 免許申請をする理由を簡潔に記入します。
⓮ 既に取得している酒類販売業免許がある場合には、所在地、名称、所轄税務署名を記入します。初めて酒類販売業免許を申請する場合は、「なし」と記入してください。

(2) 酒類販売業免許申請書　次葉1の記入例

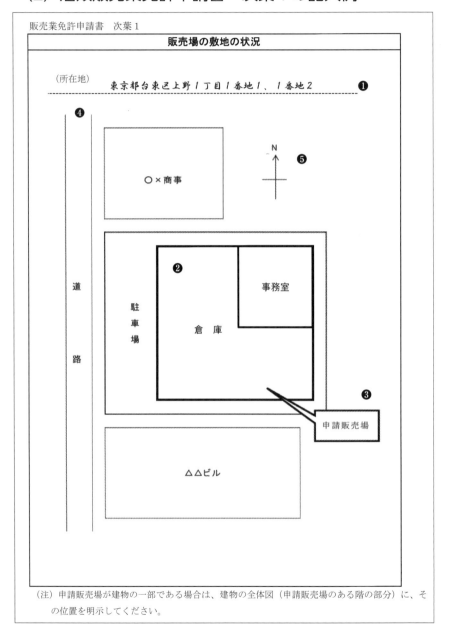

❶　販売場となる建物のある場所の地番を記入します。
❷　販売場兼事務室、倉庫の位置を明示します。
　　申請販売場が建物の一部である場合は、建物の全体図（申請販売場のある階の部分）に、その位置を明示してください。
❸　建物の全体図に、申請販売場の位置を明示（太線で囲む）します。
❹　道路の位置を明示します。
❺　方角を明示します。

（3）酒類販売業免許申請書　次葉2の記入例

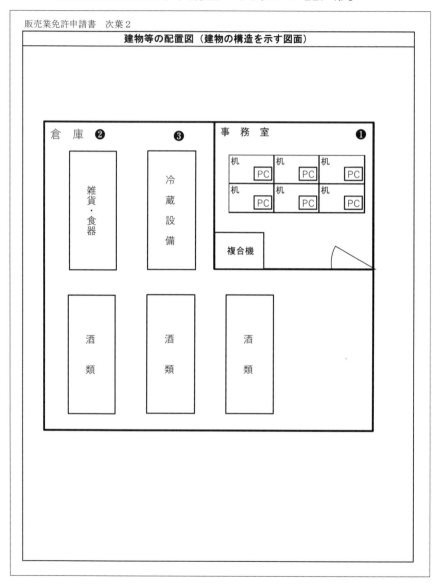

❶　販売場となる事務室内の配置（机、椅子、パソコン、コピー機などの配置）を明示します。
❷　申請販売場と一体として機能する倉庫等についても明示します。
❸　冷蔵庫、冷蔵設備等の設置場所を明示します。

(4) 酒類販売業免許申請書　次葉３の記入例

販売業免許申請書　次葉３

事業の概要（販売設備状況書）

区　　　　分	数　量　等	
(1)　敷　地　（自己所有・借地）	2 2 0　㎡	❶
(2)　建　物　（自己所有・借用）	1 7 0　㎡	❷
イ　　事務所	4 0　㎡	❸
ロ　　倉庫	1 3 0　㎡	❹
ハ	㎡	
ニ	㎡	
(3)　車両運搬具　（自己所有）		
イ　　軽トラック	1　台	❺
ロ		
ハ		
ニ		
(4)　什器備品		❻
イ　　事務机・椅子	6　組	
ロ　　パソコン	6　台	
ハ　　商品棚	4　台	
ニ　　冷蔵設備	1　基	
ホ		
ヘ		
ト		
チ		
リ		
ヌ		
(5)　従業員（アルバイトを含む。）	1 0　人	❼
うち常勤	6　人	❽

180

❶　建物のある敷地全体の面積を記入します。
❷　酒類売場のある建物の床面積（2階以上の建物の場合には、酒類販売場のある階の床面積）を記入します。
❸　販売場となる事務所の床面積を記入します。
❹　倉庫がある場合には、倉庫の床面積を記入します。
❺　運送用の車両がある場合には、車両の酒類と台数を記入します。
❻　事務所、倉庫等に配置される什器備品（机、椅子、パソコン、冷蔵設備など）の種類と数量を記入します。
❼　事業に従事する従業員の数（アルバイトを含む）を記入します。
❽　上記のうち、常勤の従業員の数を記入します。

(5) 酒類販売業免許申請書　次葉4の記入例

販売業免許申請書　次葉4

収支の見込み（兼事業の概要附表）

1	酒類の予定仕入先	(取引先名) 〇〇〇WINERY	(所在地) 〇〇〇 Street, Brooklyn, NY, xxxx	❶
2	酒類の予定販売先	(取引先名) △△酒販株式会社	(所在地) 東京都千代田区麹町△-△-△	❷

3	収支見積			❸
収入の部		(1) 酒類の売上金額	15,600,000 円	❹
		(2) その他の商品の売上金額	24,000,000	
		(3) その他の収入		
		A　収入金額合計　(1)+(2)+(3)	39,600,000	
支出の部		(1) 期首棚卸商品	950,000 円	❹
		(2) 酒類の仕入金額	10,920,000	
		(3) その他の商品の仕入金額（外注費含む）	15,600,000	
		仕入金額合計　(2)+(3)	26,520,000	
		期末棚卸商品	900,000	
		B　売上原価合計　(1)+仕入金額合計-期末棚卸商品	26,570,000	
		C　売上総利益　(A-B)	13,030,000	
		D　販売費及び一般管理費	7,900,000	
		E　営業利益　(C-D)	5,130,000	
		F　営業外収益及び特別収益	2,500,000	
		G　営業外費用及び特別損失	1,500,000	
		H　総利益金額　(E+F-G)	6,130,000	

4	販売見込数量及び算出根拠	【販売見込数量　2,568 kℓ】	❹

取引見込みのあるスーパー及び酒販店から合計で、果実酒については2,400本（月200本）、ブランデーについては1,200本（月100本）の取引の承諾をいただいており、これを基に販売数量を算出しました。　❺

5	その他参考事項（定休日、営業時間など）	
	定休日：　日曜日 営業時間：　9時～19時	❻

182

❶ 取引（仕入）を予定している輸出業者または酒類メーカーの名称と所在地を記入します。取引先の発行する取引承諾書が必要です。

❷ 取引（卸売）を予定している酒類販売業者の名称及び所在地を記入します。取引先（販売先）の発行する取引承諾書が必要です。

❸ 収支見積は、直前期の財務諸表を基に酒類の販売計画を織り込んで記入します。

❹ 酒類の売上金額、酒類の仕入金額、販売見込数量は、別に作成する添付資料「酒類の販売予定数量及び仕入予定数量の明細」から転記します。

❺ 販売見込数量は、取引先との取引見込数量などを試算して計算してください。

❻ 定休日、営業時間などを記入します。

●酒類の販売予定数量及び仕入予定数量の明細の記入例

この明細書には、酒類の仕入販売に関する見込数量及び見込金額を記入します。

取り扱う品目についてだけ記入してください。

酒類の販売予定数量及び仕入予定数量の明細（卸売）

	区分	容器の容量	本数	単価	売上数量	売上金額
販売数量・金額		ml	本	円	ℓ	円
	果実酒	720	2,400	4,000	1,728	9,600,000
	ブランデー	700	1,200	5,000	840	6,000,000
	合計				2,568	15,600,000
	区分	容器の容量	本数	単価	仕入数量	仕入金額
仕入数量・金額		ml	本	円	ℓ	円
	果実酒	720	2,400	2,800	1,728	6,720,000
	ブランデー	700	1,200	3,500	840	4,200,000
	合計				2,568	10,920,000

(6) 酒類販売業免許申請書　次葉5の記入例

販売業免許申請書　次葉5

所要資金の額及び調達方法

1	所要資金の算出根拠				
	(1)	仕入（見込み）			
		① 酒類の年間仕入額	10,920	千円	❶
		② 酒類の月間仕入額（①×1／12）	910	千円	❷
		③ 在庫　　　　（②×1／2）	455	千円	❸
		④ 最初の月の所要資金（②+③）	1,365	千円	❹
		※ 酒類の商品回転率を月間1回転としました。最初の月の所要資金として、月間仕入金額に在庫分1/2分を加算しました。			
	(2)	設備			❺
		果実酒を保管するため、新たに冷蔵設備を設置します。			
		設備費及び什器備品購入費	1,500	千円	
				千円	
				千円	
	(3)	予備費		千円	❻
2	所有資金				❼
	(1)	普通預金（○○銀行／○○支店）	8,500	千円	
	(2)			千円	
	(3)			千円	
	(4)			千円	
3	最初の月に必要とされる資金は2,865千円であるが、自己資金は上記のとおりであり、必要な資金は十分に有している。				❽

❶ 酒類の年間仕入額は、次葉4の「3　収支見積」の「支出の部」(2)の仕入金額を転記します。

❷ 酒類の月間仕入額は、年間仕入額を営業月数（12月）で除して、算出します。

❸ 在庫は、❷の月間仕入額の2分の1として計算します。

❹ 最初の月の所要資金は、❷の月間仕入金額と❸の在庫金額を足して算出します。

❺ 酒類販売のための設備（冷蔵庫・冷蔵設備等）を購入する場合には、設備投資の内容と設備投資にかかる費用を記入します。

　設備投資がない場合には、「酒類販売のための新たな設備投資はない」旨を記入します。

❻ 酒類販売のための予備費がある場合には、予備費の額を記入します。

❼ 酒類販売をスタートするに当たり、準備する所要資金の調達方法を記入します。所有資金は、酒類販売を始めるために必要な所要資金を超える金額が必要です。

　所有資金の内容について証明する書類（銀行預金の残高証明書、預金通帳の写しなど）を添付します。

❽ 自己資金が不足し、融資を受ける場合には、借入れをする金融機関の融資額も記入してください。銀行融資を受ける場合は、銀行の「融資証明書」が必要です。

2 輸入酒類卸売業免許申請書の添付書類の留意事項及び記入例

(1) 酒類販売業免許の免許要件誓約書

「酒類販売業免許の免許要件誓約書」は、申請者（法人の場合には、役員を含む）が、酒税法に定められた酒類販売業免許の欠格要件（人的要件、場所的要件、経営基礎要件、需給調整要件）に該当しないことを誓約するものです。輸入酒類卸売業免許申請を行う場合には、「酒類販売業免許の免許要件誓約書」（CC1-5104-8）に記入してください。

誓約の内容を偽るなどの不正行為があった場合には、次のような処分の対象となりますので注意してください。
① 不正行為が審査段階で判明した場合…免許拒否処分
② 不正行為により免許を取得した場合…免許取消処分

なお、不正行為により酒類販売業免許を取得した場合には、その不正行為によって取得した免許だけでなく、その者が取得しているすべての免許について取消処分を受ける場合があります。

●酒類販売業免許の免許要件誓約書の記入例

CC1-5104-8

❶ 酒類販売業免許の免許要件誓約書

<u>東京上野</u>税務署長　殿

| 申請(申出・申告) 販売場の所在地及び名称 | 東京都台東区上野1丁目1番地1、1番地2
東京上野商事株式会社　❷ |

申請(申出・申告)者が個人の場合

　私(及び法定代理人)の免許要件について、別紙1及び2のとおり誓約します。
　なお、この誓約内容に偽りがあった場合、酒税法の規定により、その事実が①審査段階で判明したときは拒否処分、②免許取得後に判明したときは免許の取消処分を受けることがあることを承知しています。

　　　　　　　　　　令和　　年　　月　　日
　　　(申請(申出・申告)者の住所)
　　　(氏　　　　　　　名)　　　　　　　　　　　　❸

　下記法定代理人は、誓約内容を確認しているので、各法定代理人それぞれの誓約に代え、代表して誓約します。
　　(法定代理人氏名)

　　　　　　　　　　令和　　年　　月　　日
　　　(法定代理人住所)
　　　(法定代理人氏名)
　　　(申請(申出・申告)者との関係)　　　　　　　❹

申請(申出)者が法人の場合

　当社及び役員等の免許要件について、別紙1及び2のとおり誓約します。
　なお、この誓約内容に偽りがあった場合、酒税法の規定により、その事実が①審査段階で判明したときは拒否処分、②免許取得後に判明したときは免許の取消処分を受けることがあることを承知しています。

　　　　　　　　　　令和 6 年 7月1日
　　　(申請(申出)者の所在地)　東京都台東区上野1丁目1番1号
　　　(名称及び代表者氏名)　　台東上野商事株式会社
　　　　　　　　　　　　　　　代表取締役　上野　太郎　　❺

　下記役員等は、誓約内容を確認しているので、各役員等それぞれの誓約に代え、代表して誓約します。
　　(役職及び氏名)　❻
　　代表取締役　上野　太郎
　　取　締　役　○○　○○
　　取　締　役　△△　△△
　　監　査　役　××　××

　　　　　　　　　　令和 6年 7月1日
　　　(名　　　　称)　台東上野商事株式会社
　　　(代表者氏名)　　代表取締役　上野　太郎　　❼
　　　　　　　　(別紙1及び2を添付して提出してください。)

(別紙1)

誓 約 項 目	申請者等の誓約内容			順号
	申請 (申出・申告)者	役員等	法定代理人	
1 酒税法10条1号から8号関係（人的要件）				－
1号関係　申請─(申出・申告)─者が酒税法(12条1、2、5、6号、14条1、2、4号)の規定により免許を取り消されたことがない又はアルコール事業法の規定により許可を取り消されたことがない。	はい・いいえ〇	はい・いいえ〇	はい・いいえ	①
［上記で「いいえ」に〇を付した場合］ 申請（申出・申告）時において、免許又は許可を取り消された日から3年を経過している。	はい・いいえ	はい・いいえ	はい・いいえ	
2号関係　申請─(申出・申告)─者が1号に該当する法人の業務執行役員をしていた者でその取消の日から3年を経過するまでの間の申請─(申出・申告)─でない。 ○　酒類の製造者又は販売業者である法人が、酒税法（12条1、2、5、6号、13条、14条1、2、4号）の規定により免許を取り消された法人 ○　アルコール事業法の許可を受けた法人で、同法の規定により許可を取り消された法人	はい・いいえ〇 (個人のみ)	はい・いいえ		②
3号関係　申請（申出・申告）者が未成年者のときに、その法定代理人が1、2、7、7の2、8号に該当しない。	はい・いいえ❽ (個人のみ)			③
4号関係　申請─(申出)─者又は法定代理人が法人の場合にその役員が1、2、7、7の2、8号に該当しない。	はい・いいえ〇 (法人のみ)		はい・いいえ (法人のみ)	④
5号関係　支配人が1、2、7、7の2、8号に該当する者でない。　❾	はい・いいえ			⑤
6号関係　申請─(申出・申告)─者が免許の申請前2年内において国税又は地方税の滞納処分を受けていない。	はい・いいえ			⑥
7号関係　国税等に関する法律の規定により罰金の刑に処せられ又は通告処分を受けたことがない。	はい・いいえ〇	はい・いいえ〇	はい・いいえ	⑦
［上記で「いいえ」に〇を付した場合］ 申請（申出・申告）時において、それぞれ、その刑の執行を終わり、若しくは執行を受けることがなくなった日又はその通告の旨を履行した日から3年を経過している。	はい・いいえ	はい・いいえ	はい・いいえ	
7号の2関係　二十歳未満ノ者ノ飲酒ノ禁止ニ関スル法律若しくは暴力団員による不当な行為の防止等に関する法律等の規定により、又は刑法等に定める一定の罪を犯したことにより、罰金の刑に処せられたことがない。	はい・いいえ〇	はい・いいえ〇	はい・いいえ	⑧
［上記で「いいえ」に〇を付した場合］ 申請（申出・申告）時において、その執行を終わった日又は執行を受けることがなくなった日から3年を経過している。	はい・いいえ	はい・いいえ	はい・いいえ	
8号関係　禁錮以上の刑に処せられたことがない。	はい・いいえ (個人のみ)	はい・いいえ〇	はい・いいえ	⑨
［上記で「いいえ」に〇を付した場合］ 申請（申出・申告）時において、その執行を終わった日又は執行を受けることがなくなった日から3年を経過している。	はい・いいえ (個人のみ)	はい・いいえ	はい・いいえ	
【理由等】				
2　酒税法10条9号関係（場所的要件） 　申請販売場が取締上不適当と認められる場所でない。				－
(1)　申請販売場が酒類の製造場、酒類の販売場、酒場、料理店等と同一場所でない。	はい・いいえ			⑩
(2)　申請販売場の申請者の営業が販売場の区画割り、専属の販売従事者の有無、代金決済の独立性その他販売行為において他の営業主体の営業と明確に区分されている。	はい・いいえ			⑪
【理由等】				

2/3

第3章 輸入酒類卸売業免許申請書の記入例

(別紙2)

誓 約 項 目	申請者等の誓約内容			順号
	申請 (申出・申告)者	役員等	法定代理人	
3 酒税法10条10号関係（経営基礎要件） （注） 酒税法10条10号関係の要件を充足するかどうかについては、次の事項から判断します。				―
(1) 申請（申出）者が、破産手続開始の決定を受けて復権を得ていない場合に該当しない。	ⓗはい・いいえ			⑫
(2) 事業経営のための経済的信用の薄弱、経営能力の貧困等経営の基礎が薄弱であると認められない。				―
イ 現に国税若しくは地方税を滞納していない。	ⓗはい・いいえ	ⓗはい・いいえ		⑬
ロ 申請（申出）前1年以内に銀行取引停止処分を受けていない。	ⓗはい・いいえ	ⓗはい・いいえ		⑭
ハ 最終事業年度における確定した決算に基づく貸借対照表の繰越損失が資本等の額を上回っていない。	ⓗはい・いいえ (法人のみ)			⑮
ニ 最終事業年度以前3事業年度の全ての事業年度において資本等の額の20%を超える欠損となっていない。	ⓗはい・いいえ (法人のみ)			⑯
ホ 酒税に関係のある法令に違反し、通告処分を受けていない又は告発されていない。	ⓗはい・いいえ	ⓗはい・いいえ		⑰
ヘ 建築基準法等の法令又は条例に違反しており、建物の除却又は移転を命じられていない。	ⓗはい・いいえ			⑱
ト 酒類の適正な販売管理体制を構築することができる。	ⓗはい・いいえ			⑲
(3) 申請（申出）者は、経験その他から判断し、適正に酒類の販売業を経営するのに十分な知識及び能力を有すると認められる者又はこれらの者が主体となって組織する法人である。	ⓗはい・いいえ			⑳
(4) 申請（申出）者は、酒類の販売業を継続して行うために必要な所要資金を賄うに足りる所有資金等を有している。	ⓗはい・いいえ			㉑
(5) 酒類の販売業を継続して行うために必要な販売施設及び設備を有している又は必要な資金を有し免許を付与するまでに販売施設及び設備を有することが確実と認められる。	ⓗはい・いいえ			㉒
【理由等】				
4 酒税法10条11号関係（需給調整要件） 酒税の保全上酒類の需給の均衡を維持する必要があるため、酒類の販売業免許を与えることが適当でないと認められる場合に当たらない。				―
(1) 設立の趣旨からみて、販売先が原則としてその構成員に特定されている法人又は団体でない。	ⓗはい・いいえ			㉓
(2) 酒場、旅館、料理店等酒類を取り扱う接客業者でない。	ⓗはい・いいえ			㉔
【理由等】				
5 酒税法14条1号関係　❿ 偽りその他不正の行為により、酒類の販売業免許を受けていない。	はい・いいえ			㉕
6 酒税法14条3号関係　❿ 2年以上引き続き、酒類の販売業を休業していない。	はい・いいえ			㉖

3/3

【酒類販売業免許の免許要件誓約書の記入方法】

記入に当たり、注意する事項は次のとおりです。

❶ 「酒類販売業免許の免許要件誓約書」（様式番号 CC1-5104-8）を使用してください。

❷ 申請販売場の所在地は、地番を記入します。

❸ 申請者が個人の場合には、こちらに申請者の住所と氏名を記入します。

❹ 申請者に法定代理人（酒類の販売業に関して代理権を有する人）がいる場合には、その法定代理人を記入します。

❺ 申請者が法人の場合には、こちらに申請法人の住所、法人名及び代表者の氏名を記入します。

❻ 申請法人の監査役を含むすべての役員及び支配人の役職及び氏名を記入します。

❼ 代表取締役が、すべての役員が誓約事項を確認していることを役員の代表として誓約します。

【酒類販売業免許の免許要件誓約書別紙の記入方法】

誓約者は、必要な「誓約項目」について、「誓約内容」欄の「はい」または「いいえ」のいずれかに○を付けてください。誓約内容について「いいえ」に○を付けた場合には、「理由等」欄に該当項目の番号を記入した上で、その理由を記入してください。

誓約が必要な事項は次ページの「酒類販売業免許の免許要件誓約書　誓約事項一覧表」のとおりですが、申請（申出）者が個人か法人かなどによって誓約事項が異なりますので注意してください。

❽ 申請者が個人で未成年者の場合のみ記入します。

❾ 支配人がいない場合には記入する必要はありません。

❿ 誓約項目の５及び６については、酒類販売業免許を取得していない場合（初めて酒類販売業免許の申請を行う場合）は、記入する必要はありません。回答欄に斜線を引いてください。

●酒類販売業免許の免許要件誓約書　誓約事項一覧

順号	個人	法人	法人役員
酒類販売業免許の免許要件誓約書（輸入酒類卸売業免許）			
【人的要件（酒税法10条1号から8号関係）】			
①	○	○	○
②	○		○
③	○		
④		○	
⑤	○	○	
⑥	○	○	
⑦	○	○	○
⑧	○	○	○
⑨	○	○	○
【場所的要件（酒税法10条9号関係）】			
⑩	○	○	
⑪	○	○	
【経営基礎要件（酒税法10条10号関係）】			
⑫	○	○	
⑬	○	○	◎
⑭	○	○	◎
⑮		○	◎
⑯		○	◎
⑰	○	○	◎
⑱	○	○	
⑲	○	○	
⑳	○	○	
㉑	○	○	
㉒	○	○	
【需給調整要件（酒税法10条11号関係）】			
㉓		○	
㉔	○	○	
【酒税法14条1号関係】			
㉕			
【酒税法14条3号関係】			
㉖			

（注1）個人事業者が申請する場合と法人が申請する場合で、誓約する項目が異なりますので注意してください。

（注2）法人役員欄の「◎」は代表権を有する役員及び主たる出資者の誓約事項、「○」は全役員の誓約事項です。

（注3）㉕及び㉖は、初めて免許申請を行う場合は、記入する必要はありません。

(2) 申請者の履歴書

　履歴書は、申請者（法人の場合には全役員）の経営経験及び酒類業に従事した経歴などを確認するための資料です。申請者が法人の場合は、監査役を含むすべての役員及び支配人（登記されている支配人に限る）の履歴書が必要です。

●履歴書の記入例

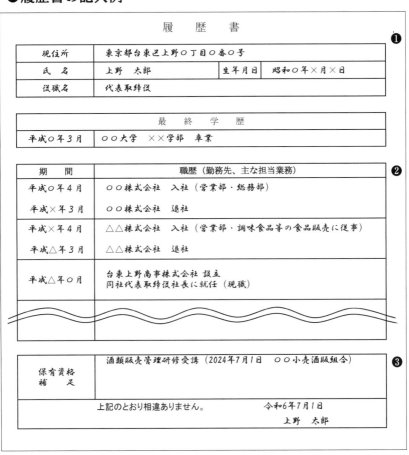

❶　様式は特に定められていません。市販の履歴書様式でも構いません。

　役員が複数選任されている場合には、監査役を含む役員全員の履歴書が必要です。

❷　職歴を古いほうから順に記入します。

　経営経験や酒類・食品の製造業務や販売業務に従事した期間がある場合には、できるだけ詳しく記入してください。記入された業務経験が審査の対象となります。

　酒類販売業免許の申請を行うためには概ね3年以上の経営経験が必要です。

❸　酒類販売管理研修を受講している場合には、必ず記入してください。受講予定の場合には、受講予定である旨及び受講予定日を記入してください。

(3) 法人の定款の写し

　申請者が法人の場合は、定款の写しを添付してください。ただし、申請者が申請販売場の所在地を管轄する税務署管内に既に免許を受けた酒類販売場を有している場合には、添付を省略することができます。

(4) 地方税の納税証明書

　納税証明書は、申請者に地方税の滞納がないこと及び2年以内に滞納処分を受けたことがないことを確認するための資料です。
　申請者が法人の場合は、本店所在地、個人の場合は住所地の属する<u>都道府県及び市区町村</u>の納税証明書が必要です。
　申請者について、地方税に係る次の事項の証明がされた納税証明書が必要です。
① 　未納の税額がないこと
② 　2年以内に滞納処分を受けたことがないこと

　法人については、証明事項に「特別法人事業税」を含めてください。
　2年以内に都道府県・市区町村を異にする本店移転・転居があった場合は、移転・転居前の都道府県・市区町村から交付を受けた納税証明書も併せて添付してください。
　同時期に複数の申請書を提出する場合は、そのうちいずれか一つの申請書に納税証明書の原本を添付すれば、他の申請書にはコピーの添付で差し支えありません。この場合、納税証明書のコピーに、原本を添付した申請書を提出した税務署名を記入してください。
　国税（「特別法人事業税」を除く）についての納税証明書は添付不要です。

(5) 賃貸借契約書等の写し（申請書次葉３付属書類）

　賃貸借契約書等は、申請者が申請販売場を確実に使用できることを確認するために必要な書類です。申請販売場を設置する建物が自己（自社）所有なのか賃借物件なのかによって提出する書類が異なります。
① 申請販売場の土地、建物、設備等が賃借物件の場合
　　賃貸借契約書等（申請販売場の建物等を確実に使用できることが確認できる書類）の写し（転貸の場合は所有者から申請者までの賃貸借契約書等の写し）を添付してください（114ページPOINT9を参照）。
② 申請販売場の建物等が未建築の場合
　　請負契約書等（申請販売場の建物等を今後建築することが確認できる書類）の写しを添付してください。
　　申請販売場の建築予定地が農地等であり、建物を建築するために農地の転用の許可等を必要とするなど、法令や条例により許可等が必要となる場合には、その許可等の申請に係る関係書類の写しを添付してください。

(6) 最終事業年度以前３事業年度の財務諸表

　最終事業年度以前３事業年度の財務諸表は、経営基礎要件である財務状況を確認するために必要な書類です。過去３年分の所得税または法人税の確定申告書（添付書類を含む）を税務署に提出している場合は、添付を省略することができます。
　具体的には、次の書類を提出してください。
① 申請者が法人の場合
　　最終事業年度以前３事業年度分の貸借対照表及び損益計算書を添付してください。なお、本書の39ページで説明している「経

営基礎要件（酒税法10条10号）」のc及びdの要件に該当している場合には、免許申請が可能かどうか、あらかじめ税務署酒類指導官に相談することをお勧めします。
② 申請者が個人の場合
　最近3年間の収支計算書等を添付してください。

(7) 土地及び建物の登記事項証明書

　登記事項証明書は、土地・建物が実在することを確認するために必要な書類です。申請販売場の所在する土地及び建物に係る登記事項の全部を証明した全部事項証明書を添付してください。
　申請販売場に係る建物の全部事項証明書の所在欄に記載されている地番が複数の地番にかかる場合は、そのすべての地番に係る土地の全部事項証明書が必要になります。
　登記情報提供サービスによる登記情報を印刷したものは、申請等の添付書類とすることはできませんので注意してください。

(8) その他参考となるべき書類

　以上の他に、税務署長から提出を求められる書類として、次の書類を準備しておく必要があります。
① 所要資金の調達方法に関する書類
　a 自己資金で賄う場合
　　銀行が発行する「残高証明書」または「預金通帳」の写し
　b 融資による場合
　・金融機関からの融資
　　…借入れをする金融機関の融資証明書
　・金融機関以外からの融資
　　…金銭消費貸借契約書等の写し及び融資者の原資内容を証

明する書類（融資者の預金通帳の写し等）
② 　酒類の予定仕入先の取引承諾書
　　酒類を仕入れられることを証明するために必要な資料です。海外の仕入先の取引承諾書については、外国語で書かれた承諾書に和訳を付けてください。

● 取引承諾書（輸入卸免許・海外輸入用）

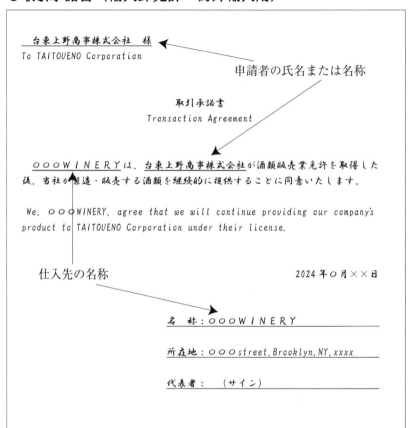

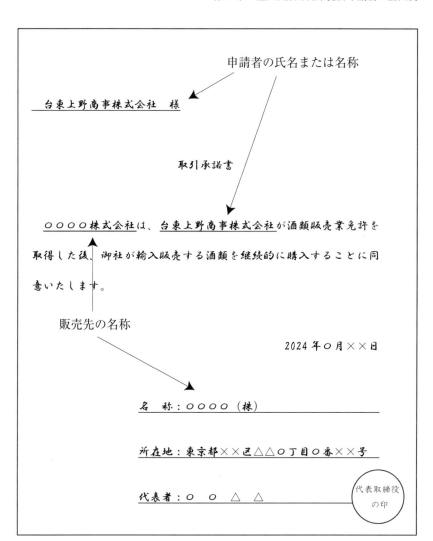

(9) 酒類販売業免許申請書（b）チェック表の記入例

CC1-5104-2(2)

酒類販売業免許申請書（b）チェック表　❶
（a及びc～jまで以外の申請等）

《販売業免許申請書次葉及び添付書類》

記載事項	確認事項	備考	確認
販売業免許申請書次葉1 （販売場の敷地の状況）	建物の全体図に、申請販売場の位置が明示されているか		○
販売業免許申請書次葉2 （建物等の配置図）	・申請販売場と一体として機能する倉庫等は明示されているか ・酒類の標識の掲示、陳列場所における表示は明示されているか		○
販売業免許申請書次葉3 （事業の概要）	店舗等の広さ、什器備品等について記載漏れはないか		○
販売業免許申請書次葉4 （収支の見込み）	申請販売場の店舗に照らし合わせた合理的な収支見積りが組まれているか	❷	○
販売業免許申請書次葉5 （所要資金の額及び調達方法）	自己資金による場合は資金繰表、資金捻出の根拠説明書又は残高証明書等、融資による場合は金融機関の証明書又は融資者の原資内容を証明する書類が添付しているか		○
販売業免許申請書次葉6 （「酒類の販売管理の方法」に関する取組計画書）	酒類販売管理者の選任予定者の氏名及び年齢等が記載されているか	❸	/
酒類販売業免許の免許要件誓約書	・誓約事項に漏れはないか ・誓約すべき者に漏れはないか（申請者、申請法人の監査役を含めた役員全員、申請者の法定代理人及び申請販売場の支配人）		○
申請者の履歴書	・提出すべき者の漏れはないか ・申請者が法人の場合には、法人の監査役など、役員全員分が添付されているか	❹	○
定款の写し	申請者が法人の場合、添付されているか	❹	○
契約書等の写し	土地、建物、設備等が賃貸借の場合は賃貸借契約書等の写し、建物が未建築の場合は請負契約書等の写し、農地の場合は農地転用許可に係る証明書等の写し、その他土地、建物、設備等が自己の所有に属しない場合で、確実に使用できることが認められる書類	❺	○
地方税の納税証明書	・都道府県及び市区町村が発行する納税証明書（未納税額がない旨及び2年以内に滞納処分を受けたことがない旨の証明）をそれぞれ添付しているか ・法人については、証明事項に「特別法人事業税」を含めているか	❻	○
最終事業年度以前3事業年度の財務諸表	最終事業年度以前3事業年度分の貸借対照表及び損益計算書が添付されているか（個人の場合は、収支計算書）	❼	/
土地及び建物の登記事項証明書	・全部事項証明書を添付しているか ・申請販売場の建物が複数の土地にまたがる場合には、その全ての地番にかかる土地の登記事項証明書を添付しているか	❽	○
その他参考となるべき書類		❾	○
免許申請書チェック表	・確認欄に○印を付して確認しているか ・省略した書類について斜線を引いているか		○

❶ 酒類販売業免許申請書（ｂ）チェック表を使用します。
　「確認」欄には、作成した添付書類について、それぞれの確認事項及び添付を確認し、○印を記入してください。提出しなくてもよいものまたは該当がないものについては、確認欄に斜線を引いてください。

❷ 予定仕入先及び予定販売先の取引承諾書等を添付する必要があります。

❸ 酒類卸売業免許の申請ですので、次葉6「酒類の販売管理の方法」に関する取組計画書は添付する必要はありません。

❹ 申請販売場を管轄する税務署管内に酒類販売業免許を有する販売場がある場合には添付を省略することができます。

❺ 申請者が申請場所を販売場として利用できることを証明するために、土地、建物、施設または設備等が賃貸借の場合は賃貸借契約書の写し、建物が建築中の場合は請負契約書の写し、農地の場合は農地転用許可関係書類の写しが必要です。

❻ 都道府県の納税証明書と市区町村の納税証明書が必要です。酒類販売業免許申請に必要な納税証明書は、課税額の証明書ではなく、「未納税額がない旨及び2年以内に滞納処分を受けたことがない旨」の証明書ですので注意してください。東京都23区の場合には、区の納税証明書はありません。

❼ 過去3年分の所得税の確定申告書（申請者が個人の場合）または法人税の確定申告書（申請者が法人の場合）を税務署に提出している場合には、添付を省略することができます。

❽ 申請販売場にかかる土地及び建物の全部事項証明書が必要です。建物の敷地が複数の土地にまたがる場合には、そのすべての地番にかかる土地の登記事項証明書が必要です。

❾ 「予定仕入先の取引承諾書」、「予定販売先の取引承諾書」、「販売予定の酒類の概要がわかる資料」などを提出する必要があります。

第4章
酒類販売業免許の条件緩和申出書の記入例

1 自己が輸入して卸売していた酒類をネットショップでも販売する場合の条件緩和申出書の記入例

　現在付与されている酒類販売業免許の条件（販売方法及び販売できる酒類の品目の範囲）を拡大しようとする場合は、「酒類販売業免許の条件緩和申出書」を酒類販売場の所在地を所轄する税務署長に提出して、酒類販売業免許の条件緩和を受けなければなりません。

　条件緩和の申出には、2つのパターンがあり、1つは「販売する酒類の範囲を増やす場合」、もう1つは「販売方法を多様化する場合」です。

　販売する酒類の範囲を増やす場合は、販売形態に変更はありませんので、必要とされる申請書類は少なく、酒類販売業免許の条件緩和申出書、酒類販売業免許の免許要件誓約書、税務署長が必要と認めた書類（取引承諾書）などを提出すれば済みます。

　一方、販売方法を多様化する場合には、販売施設、設備等の増強を必要とする場合もあるため、上記の申請書類のほかに、酒類販売業免許申請書次葉2、次葉3、次葉4（全酒類卸売業免許またはビール卸売業免許への条件緩和の場合のみ必要）、次葉5、次葉6が必要になることもあります。

　本章では、現在、卸売に限定されている自己輸入酒の販売を通信販売もできるように条件緩和の申出をする場合の酒類販売業免許の

第 4 章　酒類販売業免許の条件緩和申出書の記入例

条件緩和申出書の記入例について解説します。

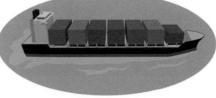

（1）酒類販売業免許の条件緩和申出書の記入例

CC1-5115

　　　　　　　　　　製　　造　　　　　期限延長
　　　　酒　類　　　　　　　免許の　条件緩和　申出書　❶
　　　　　　　　　販売業　　　　　　　　　条件解除

収受印

			整理番号	※	
令和6年7月7日	申請者	（住所）〒110-0005 東京都台東区上野1丁目1番1号	03 〇〇〇〇 〇〇〇〇	局 番	❸
❷ 東京上野　税務署長　殿		（氏名又は名称及び代表者氏名） （ふりがな）　たいとううえのしょうじかぶしきがいしゃ　うえの　たろう 　　　　　　　台東上野商事株式会社 　　　　　　　　　代表取締役　上野　太郎			❹

　　　　　　　製　　造　　　　　　　　期限延長
酒類　　　　　　　　免許に付けられている条件緩和について関係書類を添付して、下記のとおり申出します。　❺
　　　　　　販売業　　　　　　　　　条件解除

製造場 の所在地及び名称 販売場　❻	（地番）　東京都台東区上野1丁目1番地1、1番地2	❼
	（住居表示）〒110-0005 東京都台東区上野1丁目1番1号	❽
	（名称）　たいとううえのしょうじかぶしきがいしゃ 　　　　　台東上野商事株式会社	❾
申出販売場の 酒類販売管理者（の選任予定）	（ふりがな） （氏名）　　　　　　　役職、申請者との関係、生年月日等 　　　　　　　　　　　生年月日	
製造酒類の品目 又は 販売業免許の種類　❿	通信販売酒類小売業免許 販売する酒類の範囲は輸入酒類に限る。	⓫
現在付けられている免許の 期限又は条件	輸入酒類卸売業免許 卸売する酒類の範囲は自己が輸入した酒類に限る。	⓬
申出の要旨	酒類販売業免許の条件を「輸入酒類の通信販売及び自己が輸入した酒類の卸売」に緩和していただきたい。	⓭
申出の理由	これまで自己が輸入した酒類の卸売だけしかできなかったが、取扱酒類が好評であることから、通信販売もできるようにして業務を拡大したい。	⓮

受理番号	※	審査順位	※	局署番号	※
申出書入力	※ （　月　日）		※		※

❶ 不要な文字を横線で消します。
❷ 申請書を提出する日の日付と提出先の税務署名を記入します。
❸ 本店所在地の住所と電話番号を記入します。
❹ 申請者の名称を記入します。
　個人の場合は氏名、会社の場合は会社名並びに代表者の役職及び氏名を記入してください。ふりがなも忘れずに記入してください。
❺ 不要な文字を消します。
❻ 不要な文字を消します。
❼ 販売場となる建物のある場所の地番を記入します。建物の「全部事項証明書」に記載されている住所（所在）を記入してください。地番が複数ある場合は、すべて記入してください。
❽ 販売場となる建物のある場所の住所（住居表示）を記入します。
❾ 免許申請する店舗の名称を記入します。
❿ 不要な文字を消します。
⓫ 条件緩和で申請する酒類販売業免許の種類を記入します。この事例では、「通信販売酒類小売業免許」と記入します。販売する酒類の品目の範囲も記入します。
⓬ 現在付けられている免許の条件を記入します。この事例の場合は、「輸入酒類卸売業免許」、「卸売する酒類の範囲は自己が輸入した酒類に限る」など酒類販売業免許通知書に記載されている免許条件を記入してください。
⓭ 条件緩和の申し出内容の要旨を簡潔に記入します。
⓮ 条件緩和の申し出をする理由を簡潔に記入します。

(2) 酒類販売業免許申請書　次葉1の記入例

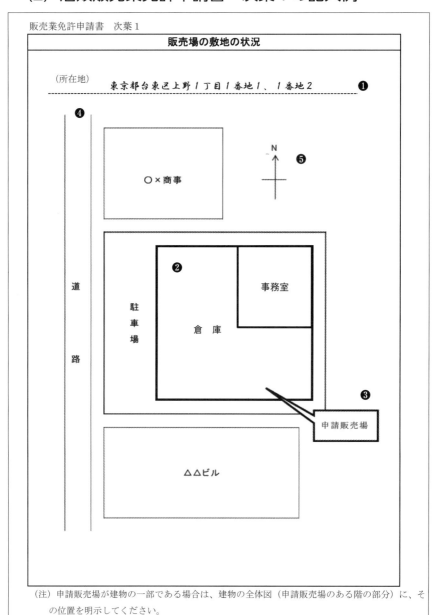

❶　販売場となる建物のある場所の地番を記入します。
❷　販売場兼事務室、倉庫の位置を明示します。
　　申請販売場が建物の一部である場合は、建物の全体図（申請販売場のある階の部分）に、その位置を明示します。
❸　建物の全体図に、申請販売場の位置を明示（太線で囲む）します。
❹　道路の位置を明示します。
❺　方角を明示します。

(3) 酒類販売業免許申請書　次葉2の記入例

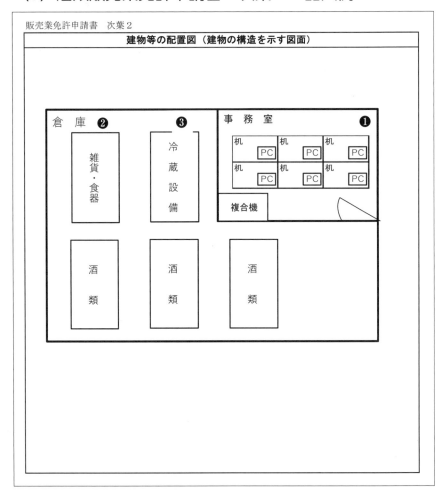

❶　販売場となる事務室内の配置（机、椅子、パソコン、コピー機などの配置）を明示します。

❷　申請販売場と一体として機能する倉庫等についても明示します。

❸　冷蔵庫、冷蔵設備等の設置場所を明示します。

(4) 酒類販売業免許申請書　次葉3の記入例

販売業免許申請書　次葉3

事業の概要（販売設備状況書）

区　　　　分	数　量　等	
(1)　敷　地　（自己所有・借地）	2 2 0　㎡	❶
(2)　建　物　（自己所有・借用）	1 7 0　㎡	❷
イ　　事務所	4 0　㎡	❸
ロ　　倉庫	1 3 0　㎡	❹
ハ	㎡	
ニ	㎡	
(3)　車両運搬具　（自己所有）		
イ　　軽トラック	1　台	❺
ロ		
ハ		
ニ		
(4)　什器備品		❻
イ　　事務机・椅子	6　組	
ロ　　パソコン	6　台	
ハ　　商品棚	4　台	
ニ　　冷蔵設備	1　基	
ホ		
ヘ		
ト		
チ		
リ		
ヌ		
(5)　従業員（アルバイトを含む。）	1 0　人	❼
うち常勤	6　人	❽

❶ 建物のある敷地全体の面積を記入します。
❷ 酒類売場のある建物の床面積（2階以上の建物の場合には、酒類販売場のある階の床面積）を記入します。
❸ 販売場となる事務所の床面積を記入します。
❹ 倉庫がある場合には、倉庫の床面積を記入します。
❺ 運送用の車両がある場合には、車両の種類と台数を記入します。
❻ 事務所、倉庫等に配置される什器備品（机、椅子、パソコン、冷蔵設備など）の種類と数量を記入します。
❼ 事業に従事する従業員の数（アルバイトを含む）を記入します。
❽ 上記のうち、常勤の従業員の数を記入します。

(5) 酒類販売業免許申請書 次葉5の記入例

販売業免許申請書 次葉5

所要資金の額及び調達方法

1	所要資金の算出根拠			
	(1)	仕入（見込み）		
		① 酒類の年間仕入額	10,920 千円	❶
		② 酒類の月間仕入額（①×1/12）	910 千円	❷
		③ 在庫 （②×1/2）	455 千円	❸
		④ 最初の月の所要資金（②+③）	1,365 千円	❹
		※ 酒類の商品回転率を月間1回転としました。最初の月の所要資金として、月間仕入金額に在庫分1/2分を加算しました。		
	(2)	設備		❺
		ネット販売を行うために、通信販売用のホームページを作成します。		
		ホームページ作成費用	2,000 千円	
			千円	
			千円	
	(3)	予備費	千円	❻
2	所有資金			❼
	(1)	普通預金（○○銀行／○○支店）	8,500 千円	
	(2)		千円	
	(3)		千円	
	(4)		千円	
3	最初の月に必要とされる資金は3,365千円であるが、自己資金は上記のとおりであり、必要な資金は十分に有している。			❽

❶　酒類の年間仕入額は、卸売の実績に基づいて計算してください。
❷　酒類の月間仕入額は、年間仕入額を営業月数（12月）で除して、算出します。
❸　在庫は、❷の月間仕入額の2分の1として計算します。
❹　最初の月の所要資金は、❷の月間仕入金額と❸の在庫金額を足して算出します。
❺　酒類販売のための設備を導入する場合には、設備投資の内容と設備投資にかかる費用を記入します。
　設備投資がない場合には、「酒類販売のための新たな設備投資はない」旨を記入してください。
❻　酒類販売のための予備費がある場合には、予備費の額を記入します。
❼　通信販売をスタートするに当たり、準備する所要資金の調達方法を記入します。所有資金は、通信販売を始めるために必要な所要資金を超える金額が必要です。
　所有資金の内容について証明する書類（銀行預金の残高証明書、預金通帳の写しなど）を添付します。
❽　自己資金が不足し、融資を受ける場合には、借入れをする金融機関の融資額も記入してください。銀行融資を受ける場合は、銀行の「融資証明書」が必要です。

(6) 酒類販売業免許申請書　次葉6の記入例

CC1-5104-1(6)
販売業免許申請書　次葉6

「酒類の販売管理の方法」に関する取組計画書

(酒類販売管理者の選任予定者)　❶
上野　次郎（年齢：〇〇歳）

(酒類小売販売場の所在地及び名称)　❸
東京都台東区上野一丁目1番地1、1番地2
台東上野商事株式会社

(酒類販売管理研修の受講予定等)　❷
受講日又は受講予定日：令和6年〇月〇日
研修実施団体：〇〇小売酒販組合

(店舗全体の面積)　❹
170.0 ㎡
(酒類売場の面積)
170.0 ㎡

(営業時間)　❻
24時間　年中無休
配送業務は月～金曜日

(酒類販売管理者に代わる責任者（予定者）の人数及び氏名等)　総数：1　❼

氏　名（年齢）	指名の基準	氏　名（年齢）	指名の基準	氏　名（年齢）	指名の基準
上野 三郎（〇〇歳）	(7)	（　　歳）		（　　歳）	
（　　歳）		（　　歳）		（　　歳）	
（　　歳）		（　　歳）		（　　歳）	

(注)「指名の基準」欄には、次の《責任者の指名の基準》のいずれかに該当する番号を記載してください。

《責任者の指名の基準》
　以下(1)～(7)に掲げるいずれかに該当する場合には、当該販売場において酒類の販売業務に従事する者の中から酒類販売管理者に代わる者を責任者として必要な人数を指名し、配置してください。
(1) 夜間（午後11時から翌日5時）において、酒類の販売を行う場合（成年者の指名をお願いします。）
(2) 酒類販売管理者が常態として、その選任された販売場に長時間（2～3時間以上）不在となることがある場合
(3) 酒類売場の面積が著しく大きい場合（100平方メートルを超えるごとに、1名以上の責任者を指名）
(4) 同一建物内において酒類売場を設置している階が複数ある場合（酒類販売管理者のいない各階ごとに、1名以上の責任者を指名）
(5) 同一の階にある複数の酒類売場が著しく離れている場合（20メートル以上離れている場合）
(6) 複数の酒類売場が著しく離れていない場合であっても、同一の階において酒類売場の点在が著しい場合（3箇所以上ある場合）
(7) その他酒類販売管理者のみでは酒類の適正な販売管理の確保が困難と認められる場合

(申請する免許の条件)　❽
1：卸売業　②：小売業（卸小売兼業を含む）　3：期限付小売業（免許期間の開始希望日：令和　　年　　月　　日）

(小売販売場の業態等の区分)　❾
1：一般酒販店（酒屋、酒類専門店等）　2：コンビニエンスストア　3：スーパーマーケット　4：百貨店
5：1～4以外の量販店（ディスカウントストア等）　6Ⓐ：業務用卸主体店　6Ⓑ：ホームセンター・ドラッグストア
⑥Ⓒ：その他（インターネットによる通信販売）
※「6Ⓒ：その他」については、具体的に記載してください。

酒類の販売業免許の申請書の記載事項である「酒類の販売管理の方法」については、本様式に記載する方法によるものとします。　❿

	項　目	区　分	※ 税務署整理欄（実態確認状況）
酒類販売管理者関係	1　酒類の販売業務を開始するときまでに、酒類販売管理研修を過去3年以内に受けた者の中から酒類販売管理者を選任する。	(はい)・いいえ	□ 適　□ 不適
	2　公衆の見やすい場所（通信販売を行う場合は、カタログ等（インターネットを含む））に、酒類販売管理者の氏名や酒類販売管理研修の受講事績等を記載した標識を掲示する。	(はい)・いいえ	□ 有　□ 無
二十歳未満の者の飲酒防止関係	1　20歳未満と思われる者に対して、身分証明書等により年齢確認を行う。	(はい)・いいえ	□ 適　□ 不適
	2　20歳未満の者の飲酒防止に関するポスターを掲示する。	(はい)・いいえ	□ 有　□ 無
	3　「その他の取組」の概要　※上記以外の取組をしている場合にその内容を具体的に記載してください。（例）「レジに啓発のためのグッズ等を置く」、「レジ袋に20歳未満の者の飲酒防止啓発のための表示をする」等		

214

❶ 酒類販売管理者に選任を予定している者の氏名と年齢を記入します。

❷ 酒類販売管理研修の受講年月日及び研修受講団体を記入します。申請後に受講する場合には、受講予定年月日を記入します。研修は、免許を取得するまでに受講する必要があります。

❸ 酒類販売場の所在地（地番）と販売場の名称を記入します。

❹ 店舗全体の床面積を記入します（次葉3の(2)イの店舗面積と同じになる）。

❺ 上記のうち、酒類売場の面積を記入します。

❻ 定休日及び営業時間等を記入します。

❼ 酒類販売管理者が不在の場合に、酒類販売管理者の代理となる酒類販売責任者を選任し、選任した酒類販売責任者の人数、選任した酒類販売管理者の氏名及び年齢を記入します。「指名の基準」欄には、（注）に書かれている指名基準の番号を記入します。

❽ 申請する免許の条件に〇を付けます。通信販売を行う場合には、酒類小売業に〇を付けます。

❾ 小売販売場の業態に〇を付けてください。通信販売を行う場合には、「6：その他」に〇を付けて、括弧内に「インターネットによる通信販売」と記入します。

❿ 「酒類販売管理者関係」、「二十歳未満の者の飲酒防止関係」及び「二十歳未満の者の飲酒防止に関する表示基準の実施状況」の各項目について、「はい」、「いいえ」のうち該当するほうに〇を付けます。

【酒類販売管理者関係】及び【二十歳未満の者の飲酒防止関係】

いずれかの項目で、「いいえ」に〇が付いている場合には酒類指導官が状況を確認し、改善されない場合には、免許が付与されないことがあります。

二十歳未満の者の飲酒防止に関する表示基準の実施予定	1	酒類の陳列場所を設けて販売する。 ❶	はい・(いいえ)	
		(1)消費者が酒類に触れられない状態に置き、手渡しで販売する。	はい・いいえ	
		(2)酒類と他の商品との売場を壁や間仕切り等で分離又は区分する。	はい・いいえ	□ 適（□ 分離・□ 区分） □ 不適
		(3)酒類の陳列場所に、表示基準に則って「酒類の売場である」又は「酒類の陳列場所である」旨の表示を行う。	はい・いいえ	□ 適 □ 不適
		(4)酒類の陳列場所に、表示基準に則って「20歳以上の年齢であることを確認できない場合には酒類を販売しない」旨の表示を行う。	はい・いいえ	□ 適 □ 不適
	2	酒類の通信販売（インターネットを含む）を行う。 ❷ （注）1 この表示基準でいう「通信販売」とは、「通信販売酒類小売業免許」を付与されて行うものに限らず、一般酒類小売業者が免許条件の範囲内で行う通信販売を含み、商品の内容・価格などをカタログ、新聞折込チラシなどで提示し、郵便、電話、ファックスなどの方法で注文を受けて行う販売をいいます。 2 「いいえ」に「○」を付した方は、次の(1)及び(2)の記載は不要です。	はい・いいえ	
		(1)酒類の通信販売（インターネットを含む）における広告、カタログ、申込書、納品書等に、表示基準に則って「20歳未満の者に対しては酒類を販売しない」旨の表示を行う。	はい・いいえ	□ 適 □ 不適
		酒類の購入申込書等に年齢記載欄を設ける。	はい・いいえ	□ 適 □ 不適
		(2)酒類の配達を行う旨のチラシに「20歳未満の者に対しては酒類を販売しない」旨の表示を行う。	はい・いいえ	□ 適 □ 不適
	3	酒類の自動販売機を設置しない。 ❸	はい・いいえ	□ 有 □ 無

※ 以下は、酒類の自動販売機を設置する予定がない場合には記載する必要はありません。

《酒類の自動販売機に対する表示基準の実施予定》

順号					※ 税務署整理欄 （実態確認状況）
自動販売機の設置予定年月	令　年　月	令　年　月	令　年　月	令　年　月	
自動販売機の種類	改良型・ 改良型以外	改良型・ 改良型以外	改良型・ 改良型以外	改良型・ 改良型以外	
自動販売機の設置位置	店内・店外	店内・店外	店内・店外	店内・店外	
二十歳未満の者の飲酒防止に関する表示基準の実施予定	20歳未満者の飲酒は禁止されている旨	有・無	有・無	有・無	有・無	□ 適 □ 不適
	免許者の氏名又は名称	有・無	有・無	有・無	有・無	□ 適 □ 不適
	酒類販売管理者の氏名	有・無	有・無	有・無	有・無	□ 適 □ 不適
	連絡先の所在地及び電話番号	有・無	有・無	有・無	有・無	□ 適 □ 不適
	販売停止期間	有・無	有・無	有・無	有・無	□ 適 □ 不適
販売停止等のためのタイマーの設置の有無	有・無	有・無	有・無	有・無	□ 適 □ 不適
セレクトボタン部分への酒類である旨の表示の有無	有・無	有・無	有・無	有・無	□ 適 □ 不適

【二十歳未満の者の飲酒防止に関する表示基準の実施状況】

⓫　酒類を商品棚等に並べて販売しないので、「いいえ」に○を付けます。「いいえ」に○を付けた場合には、(1)〜(4)は記入する必要はありません。

⓬　通信販売を行うので、「はい」に○を付けます。

　(1)、(2)のいずれかの項目で、「いいえ」に○が付いている場合には酒類指導官が状況を確認し、改善されない場合には、免許が付与されないことがあります。

⓭　酒類の自動販売機を設置しない場合には、「はい」に○を付けてください。「はい」に○を付けた場合には、「酒類の自動販売機に対する表示基準の実施予定」は記入する必要はありません。

　酒類の自動販売機を設置する場合には、「いいえ」に○を付け、設置する自動販売機ごとに必要事項を記入します。

2 条件緩和申出書の添付書類の留意事項及び記入例

(1) 酒類販売業免許の免許要件誓約書

　「酒類販売業免許の免許要件誓約書」は、申請者（法人の場合には、役員を含む）が、酒税法に定められた酒類販売業免許の欠格要件（人的要件、場所的要件、経営基礎要件、需給調整要件）に該当しないことを誓約するものです。通信販売酒類小売業免許の条件緩和の申立を行う場合には、「酒類販売業免許の免許要件誓約書（通信販売酒類小売業免許申請用）」（CC1-5104-9）が必要です。

　誓約の内容を偽るなどの不正行為があった場合には、次のような処分の対象となりますので注意してください。
① 不正行為が審査段階で判明した場合…免許拒否処分
② 不正行為により免許を取得した場合…免許取消処分

　なお、不正行為により酒類販売業免許を取得した場合には、その不正行為によって取得した免許だけでなく、その者が有しているすべての免許について取消処分を受ける場合があります。

第4章　酒類販売業免許の条件緩和申出書の記入例

●酒類販売業免許の免許要件誓約書（通信販売酒類小売業免許申請用）の記入例

CC1-5104-9　❶

酒類販売業免許の免許要件誓約書
（通信販売酒類小売業免許申請用）

　東京上野　税務署長　殿

| 申請（申出・申告）販売場の所在地及び名称 | 東京都台東区上野1丁目1番地1、1番地2

東京上野商事株式会社　❷ |

申請（申出・申告）者が個人の場合

　私（及び法定代理人）の免許要件について、別紙1及び2のとおり誓約します。
　なお、この誓約内容に偽りがあった場合、酒税法の規定により、その事実が①審査段階で判明したときは拒否処分、②免許取得後に判明したときは免許の取消処分を受けることがあることを承知しています。

　　　　　　　　　令和　　年　　月　　日
　　　　　（申請（申出・申告）者の住所）
　　　　　（氏　　　名）　　　　　　　　　　　　　❸

　下記法定代理人は、誓約内容を確認しているので、各法定代理人それぞれの誓約に代え、代表して誓約します。
　（法定代理人氏名）

　　　　　　　　　令和　　年　　月　　日
　　　　　（法定代理人住所）
　　　　　（法定代理人氏名）
　　　　　（申請（申出・申告）者との関係）　　　❹

申請（申出）者が法人の場合

　当社及び役員等の免許の要件について、別紙1及び2のとおり誓約します。
　なお、この誓約内容に偽りがあった場合、酒税法の規定により、その事実が①審査段階で判明したときは拒否処分、②免許取得後に判明したときは免許の取消処分を受けることがあることを承知しています。

　　　　　　　　　令和6年　7月1日
　　　　　（申請（申出）者の所在地）　東京都台東区上野1丁目1番1号
　　　　　（名称及び代表者氏名）　　　台東上野商事株式会社
　　　　　　　　　　　　　　　　　　　代表取締役　上野　太郎　❺

　下記役員等は、誓約内容を確認しているので、各役員等それぞれの誓約に代え、代表して誓約します。
　（役職及び氏名）　❻
　　代表取締役　上野　太郎
　　取締役　　　○○　○○
　　取締役　　　△△　△△
　　監査役　　　××　××

　　　　　　　　　令和6年　7月1日
　　　　　（名　　　称）　台東上野商事株式会社
　　　　　（代表者氏名）　代表取締役　上野　太郎　❼
　　　　　　　　（別紙1及び2を添付して提出してください。）

1/3

(別紙1)

誓 約 項 目			申請者等の誓約内容			順号
			申請(申出・申告)者	役員等	法定代理人	
1	酒税法10条1号から8号関係（人的要件）					－
	1号関係	申請（申出・申告）者が酒税法（12条1、2、5、6号、13条、14条1、2、4号）の規定により免許を取り消されたことがない又はアルコール事業法の規定により許可を取り消されたことがない。	はい・いいえ○	はい・いいえ○	はい・いいえ	①
		［上記で「いいえ」に○を付した場合］ 申請（申出・申告）時において、免許又は許可を取り消された日から3年を経過している。	はい・いいえ	はい・いいえ	はい・いいえ	
	2号関係	申請（申出・申告）者が1号に該当する法人の業務執行役員をしていた者でその取消しの日から3年を経過するまでの間の申請（申出・申告）でない。 ○ 酒類の製造者又は販売業者である法人が、酒税法（12条1、2、5、6号、13条、14条1、2、4号）の規定により免許を取り消された法人 ○ アルコール事業法の許可を受けた法人で、同法の規定により許可を取り消された法人	はい・いいえ （個人のみ）	はい・いいえ○	はい・いいえ	②
	3号関係	申請（申出・申告）者が未成年者のときに、その法定代理人が1、2、7、7の2、8号に該当しない。❽	はい・いいえ （個人のみ）			③
	4号関係	申請（申出）者又は法定代理人が法人の場合にその役員が1、2、7、7の2、8号に該当しない。	はい・いいえ （法人のみ）		はい・いいえ （法人のみ）	④
	5号関係	支配人が1、2、7、7の2、8号に該当する者でない。❾	はい・いいえ			⑤
	6号関係	申請（申出・申告）者が免許の申請前2年内において国税又は地方税の滞納処分を受けていない。	はい・いいえ			⑥
	7号関係	国税等に関する法律の規定により罰金の刑に処せられ又は通告処分を受けたことがない。	はい・いいえ	はい・いいえ	はい・いいえ	⑦
		［上記で「いいえ」に○を付した場合］ 申請（申出・申告）時において、それぞれ、その刑の執行を終わり、若しくは執行を受けることがなくなった日又はその通告の旨を履行した日から3年を経過している。	はい・いいえ	はい・いいえ	はい・いいえ	
	7号の2関係	二十歳未満ノ者ノ飲酒ノ禁止ニ関スル法律若しくは暴力団員による不当な行為の防止等に関する法律等の規定により、又は刑法等に定める一定の罪を犯したことにより、罰金の刑に処せられたことがない。	はい・いいえ○	はい・いいえ○	はい・いいえ	⑧
		［上記で「いいえ」に○を付した場合］ 申請（申出・申告）時において、その執行を終わった日又は執行を受けることがなくなった日から3年を経過している。	はい・いいえ	はい・いいえ	はい・いいえ	
	8号関係	禁錮以上の刑に処せられたことがない。	はい・いいえ （個人のみ）	はい・いいえ○	はい・いいえ	⑨
		［上記で「いいえ」に○を付した場合］ 申請（申出・申告）時において、その執行を終わった日又は執行を受けることがなくなった日から3年を経過している。	はい・いいえ （個人のみ）	はい・いいえ	はい・いいえ	
	【理由等】					
2	酒税法10条9号関係（場所的要件） 申請販売場が取締上不適当と認められる場所でない。					－
	(1)	申請販売場が酒類の製造場、酒類の販売場、酒場、料理店等と同一場所でない。	はい・いいえ			⑩
	(2)	申請販売場の申請者の営業が販売場の区画割り、専属の販売従事者の有無、代金決済の独立性その他販売行為において他の営業主体の営業と明確に区分されている。	はい・いいえ			⑪
	【理由等】					

2/3

第4章　酒類販売業免許の条件緩和申出書の記入例

(別紙2)

誓　約　項　目	申請者等の誓約内容			順号
	申請者(申出・申告)	役員等	法定代理人	
3　酒税法10条10号関係（経営基礎要件） 　（注）酒税法10条10号関係の要件を充足するかどうかについては、次の事項から判断します。				－
(1)　申請（申出）者が、破産手続開始の決定を受けて復権を得ていない場合に該当しない。	はい・㋑いえ			⑫
(2)　事業経営のための経済的信用の薄弱、経営能力の貧困等経営の基礎が薄弱であると認められない。				－
イ　現に国税若しくは地方税を滞納していない。	はい・いいえ	はい・㋑いえ		⑬
ロ　申請（申出）前1年以内に銀行取引停止処分を受けていない。	はい・いいえ	はい・㋑いえ		⑭
ハ　最終事業年度における確定した決算に基づく貸借対照表の繰越損失が資本等の額を上回っていない。	はい・いいえ	はい・㋑いえ		⑮
ニ　最終事業年度以前3事業年度の全ての事業年度において資本等の額の20％を超える欠損となっていない。	はい・いいえ	はい・㋑いえ		⑯
ホ　酒税に関係のある法令に違反し、通告処分を受けていない又は告発されていない。	はい・いいえ	はい・㋑いえ		⑰
ヘ　建築基準法等の法令又は条例に違反しており、建物の除却又は移転を命じられていない。	はい・いいえ			⑱
ト　酒類の適正な販売管理体制を構築することができる。	はい・いいえ			⑲
(3)　申請（申出）者は、経験その他から判断し、適正に酒類の通信販売を行うため十分な知識、経営能力及び販売能力を有すると認められる者又はこれらの者が主体となって組織する法人である。	㋑い・いいえ			⑳
(4)　申請（申出）者は、酒類の販売業を継続して行うために必要な所要資金を賄うに足りる所有資金等を有している。	㋑い・いいえ			㉑
(5)　酒類の販売業を継続して行うために必要な販売施設及び設備を有している又は必要な資金を有し免許を付与するまでに販売施設及び設備を有することが確実と認められる。	㋑い・いいえ			㉒
(6)　販売方法が特定商取引に関する法律の消費者保護関係規定に準拠し、「二十歳未満の者の飲酒防止に関する表示基準」を満たし、又はこの定めを満たすことが確実である。	㋑い・いいえ			㉓
(7)　酒類の購入申込者が20歳未満の者でないことを確認できる手段を講ずる。	㋑い・いいえ			㉔
【理由等】				
4　酒税法10条11号関係（需給調整要件） 　酒税の保全上酒類の需給の均衡を維持する必要があるため、酒類の販売業免許を与えることが適当でないと認められる場合に当たらない。				－
販売しようとする酒類の範囲が、(1)国産酒類のうち、①カタログ等の発行年月日の属する会計年度の前会計年度における酒類の品目ごとの課税移出数量が、全て3,000キロリットル未満である酒類製造者（特定製造者）が製造、販売する酒類、②地方の特産品等（製造委託者が所在する地方の特産品等に限る。）を原料として、特定製造者以外の製造者に製造委託する酒類であり、かつ、当該酒類の一会計年度における製造委託者ごとの製造委託数量の合計が3,000キロリットル未満である酒類、又は、(2)輸入酒類である。	㋑い・いいえ			㉕
【理由等】				
5　酒税法14条1号関係 　偽りその他不正の行為により、酒類の販売業免許を受けていない。❿	㋑い・いいえ			㉖
6　酒税法14条3号関係 　2年以上引き続き、酒類の販売業を休業していない。⓫	㋑い・いいえ			㉗

3/3

【酒類販売業免許の免許要件誓約書の記入方法】

記入に当たり、注意する事項は次のとおりです。

❶ 「酒類販売業免許の免許要件誓約書」(通信販売酒類小売業免許申請用)(様式番号　CC1-5104-9)を使用します。

❷ 申請販売場の所在地は、地番を記入します。

❸ 申請者が個人の場合には、こちらに申請者の住所と氏名を記入します。

❹ 申請者に法定代理人(酒類の販売業に関して代理権を有する人)がいる場合には、その法定代理人を記入します。

❺ 申請者が法人の場合は、こちらに申請法人の住所、法人名及び代表者の氏名を記入します。

❻ 申請法人の監査役を含むすべての役員及び支配人の役職及び氏名を記入します。

❼ 代表取締役がすべての役員が誓約事項を確認していることを、役員の代表として誓約します。

【酒類販売業免許の免許要件誓約書別紙の記入方法】

誓約者は、必要な「誓約項目」について、「誓約内容」欄の「はい」または「いいえ」のいずれかに○を付けてください。誓約内容について「いいえ」に○を付けた場合には、「理由等」欄に該当項目の番号を記入した上で、その理由を記入してください。

誓約が必要な事項は、次ページの「酒類販売業免許の免許要件誓約書誓約事項一覧表」のとおりですが、申請(申出)者が個人か法人かなどによって誓約事項が異なりますので注意してください。

❽ 申請者が個人で未成年者の場合のみ記入します。

❾ 支配人がいない場合には記入する必要はありません。

❿ 「はい」に○を付けてください。

⓫ 2年以上引き続き、酒類の販売業を休業していない場合は、「はい」に○を付けてください。

●酒類販売業免許の免許要件誓約書　誓約事項一覧

順号	酒類販売業免許の免許要件誓約書（通信販売酒類小売業免許）		
	個人	法人	法人役員
【人的要件（酒税法 10 条 1 号から 8 号関係）】			
①	○	○	○
②	○		○
③	○		
④		○	
⑤	○	○	
⑥	○	○	
⑦	○	○	○
⑧	○	○	
⑨	○		○
【場所的要件（酒税法 10 条 9 号関係）】			
⑩	○	○	
⑪	○	○	
【経営基礎要件（酒税法 10 条 10 号関係）】			
⑫	○	○	
⑬	○	○	◎
⑭	○	○	◎
⑮		○	◎
⑯		○	◎
⑰	○	○	◎
⑱	○	○	
⑲	○	○	
⑳	○	○	
㉑	○	○	
㉒	○	○	
㉓	○	○	
㉔	○	○	
【需給調整要件（酒税法 10 条 11 号関係）】			
㉕	○	○	
【酒税法 14 条 1 号関係】			
㉖	○	○	
【酒税法 14 条 3 号関係】			
㉗	○	○	

（注1）個人事業者が申請する場合と法人が申請する場合で、誓約する項目が異なりますので注意してください。

（注2）法人役員欄の「◎」は代表権を有する役員及び主たる出資者の誓約事項、「○」は全役員の誓約事項です。

（注3）㉖及び㉗は、初めて免許申請を行う場合は、記入する必要はありません。

(2) 地方税の納税証明書

　納税証明書は、申請者に地方税の滞納がないこと及び２年以内に滞納処分を受けたことがないことを確認するための資料です。
　既に免許を取得していますが、現在の酒類販売業免許を取得してから時間が経っている場合には、納税証明書の提出を求められる場合があります。申請者が法人の場合は、本店所在地、個人の場合は住所地の属する<u>都道府県及び市区町村</u>の納税証明書が必要です。
　申請者について、地方税に係る次の事項の証明がされた納税証明書が必要です。
① 　未納の税額がないこと
② 　２年以内に滞納処分を受けたことがないこと

　法人については、証明事項に「特別法人事業税」を含めてください。
　２年以内に都道府県・市区町村を異にする本店移転・転居があった場合は、移転・転居前の都道府県・市区町村から交付を受けた納税証明書も併せて添付してください。
　同時期に複数の申請書を提出する場合は、そのうちいずれか１つの申請書に納税証明書の原本を添付すれば、他の申請書にはコピーの添付で差し支えありません。この場合、納税証明書のコピーに、原本を添付した申請書を提出した税務署名を記入してください。
　国税（「特別法人事業税」を除く）についての納税証明書は添付不要です。

(3) その他参考となるべき書類

　以上の他に、税務署長から提出を求められる書類として、次の書類を準備しておく必要があります。
① 　所要資金の調達方法に関する書類

a 自己資金で賄う場合
　・銀行が発行する「残高証明書」または「預金通帳」の写し
b 融資による場合
　・金融機関からの融資
　　・・・借入をする金融機関の融資証明書
　・金融機関以外からの融資
　　・・・金銭消費貸借契約書等の写し及び融資者の原資内容を証明する書類（融資者の預金通帳の写し等）

② 通販サイトのサンプル（記入例226ページ）

　通販サイトに酒税法及び関係法令に規定されている表示事項が適正に表示されるかを確認するために必要な書類です。

③ 酒類販売管理者選任届出書（記入例234ページ）

　酒類卸売業者が新たに小売業（通信販売）を始める場合には、小売業（通信販売）を開始するときまでに「酒類販売管理者」を選任しなければなりません。

　酒類販売管理者は、3年以内に酒類販売管理研修を受講した者のなかから選任する必要がありますので、酒類の販売に従事する者のなかに、3年以内に酒類販売管理研修を受講した者がいない場合には、酒類の販売を開始する日までに酒類販売管理研修を受講させる必要があります。

　酒類販売管理者を選定したら、「酒類販売管理者選任届」に「酒類販売管理研修の受講証」の写しを添付して提出してください。

●通販サイトサンプル記入例
① 商品選択画面１

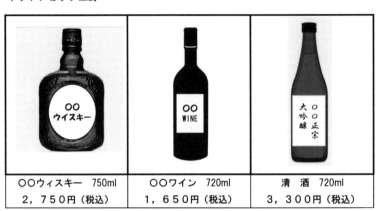

② 商品選択画面２

ネットショップ上野

商品名　〇〇正宗大吟醸

品　目　清　酒

容　量　720ml

販売価格　3,300円（税込）

※10,000円以上は送料無料

カートに入れる

（価格表示に使用する文字以上の大きさで表示します。）

２０歳未満の者の飲酒は法律で禁止されています。
２０歳未満の者に対しては酒類を販売しません。

③ 商品確定画面

ネットショップ上野

商品名　〇〇正宗大吟醸

品　目　清　酒

容　量　720ml

販売価格　3,300円（税込）

送　料　550円（税込）

購入手続きに進む

（価格表示に使用する文字以上の大きさで表示します。）

２０歳未満の者の飲酒は法律で禁止されています。
２０歳未満の者に対しては酒類を販売しません。

④　購入者情報入力画面

```
ネットショップ上野

    ※　購入者の情報を入力してください。

  氏　名　[                    ]

  郵便番号
  住　所　[                    ]

  電話番号　[                    ]

  ﾒｰﾙｱﾄﾞﾚｽ　[                    ]

  年　齢　　　　　　　　　　[      ]歳

  ※ 20歳未満の者には酒類を販売しません。

  ＊お支払方法選択
          □　クレジットカード
          □　銀行振込
          □　コンビニ払い
          □　代金引換
      ※　該当欄にチェックしてください。


              [　　次　へ　　]
```

（吹き出し）年齢記載欄を設けた上で、その近接する場所に表示します。

⑤ 注文内容確認画面

```
ネットショップ上野

ご注文内容確認

【お客様情報】                【ご注文内容】
氏　名　　〇〇〇〇            ※ 商品名：〇〇正宗　大吟醸
郵便番号　〒###-####           ※ 代金：3,300円（内消費税 300円）
住　所　　〇〇県〇〇市〇〇××-×× ※ 送料：550円（内消費税50円）
電話番号　〇〇-〇〇〇〇-〇〇〇〇  請求総額：3,850円
ﾒｰﾙｱﾄﾞﾚｽ　〇〇〇@××.×××        ※ お支払い：クレジットカード
                              ※注文確定後3営業日以内に発送いたします。


（契約の解除に関する事項）
商品が届いてから〇日間以内であれば、返品（全額返金）を承ります。
返品の際の返送料については、原則としてお客様の御負担となります。
不良品の場合には返送料も当社負担で 返品または交換の対応をいたします。
返品手続用の連絡窓口：　03－〇〇〇〇－〇〇〇〇
　　　　　　　　mailto：info@×××.co.jp


        [注文内容を確認する]        [注文内容を修正する]


２０歳未満の者の飲酒は法律で禁止されています。
２０歳未満の者に対しては酒類を販売しません。
```

⑥　注文確認通知メール

〇〇　〇〇　様

この度は、お買い上げいただきありがとうございました。
ご注文について、下記のとおり承りました。
【ご注文内容】
商品名：〇〇正宗　大吟醸
価格：3,300円（税込）
個数：1個
送料：550円（税込）
合計：3,850円

【ご請求金額】
ご請求金額：3,850円
お支払方法：クレジットカード

【お届け先】
申込者と同じ

〒110-0000
東京都台東区上野〇丁目〇番地〇号
台東上野商事株式会社
担当者：上野　太郎
電話：03－〇〇〇〇－〇〇〇〇
mailto : info@×××.co.jp

２０歳未満の者の飲酒は法律で禁止されています。
２０歳未満の者に対しては酒類を販売しません。

⑦前払式通信販売の承諾等の通知(例)

※前払いの場合は、承諾通知の作成が必要です。

○○　○○　様

この度は、お買い上げいただきありがとうございました。　・・・❶
ご注文について、入金を確認いたしました。
○月○日までに、○○便で商品を発送いたします。　・・・❻

【ご注文内容】　・・・❺
商品名：○○正宗　大吟醸
価格：3,300円（税込）
個数：1個
送料：550円（税込）
合計：3,850円

【決済金額】　・・・❸
ご請求金額：3,850円

【決済方法】
クレジットカード

【決済日】　・・・❹
　令和6年7月1日

【お届け先】
申込者と同じ

〒110-0000
東京都台東区上野○丁目○番地○号　・・・❷
台東上野商事株式会社
担当者：上野　太郎
電話：03-○○○○-○○○○
mailto：info@×××.co.jp

２０歳未満の者の飲酒は法律で禁止されています。
２０歳未満の者に対しては酒類を販売しません。

特定商取法に基づく前払式の承諾通知の必要記載事項

❶申込を承諾した旨
❷事業者の住所・氏名・電話番号
❸受領した金銭の額
❹金銭を受け取った年月日
❺商品名・数量
❻商品の引渡時期

⑧　納品書・請求書

〇〇　〇〇　様

No.　××××
令和6年7月7日

〒110-0005
東京都台東区上野１丁目１番１号
台東上野商事株式会社
TEL：03-〇〇〇〇-〇〇〇〇
登録番号：T×××××××

納品書・請求書

この度は、お買い上げ誠にありがとうございます。
下記のとおり納品いたしますので、ご確認の程よろしくお願いいたします。

記

商　品　名	単　価	数量	金額（税込）
〇〇正宗大吟醸	3,300	1	3,300
	合　　計		3,300
	うち消費税（10%）		300
	送　　料		550
	ご請求合計		3,850

２０歳未満の者の飲酒は法律で禁止されています。
２０歳未満の者に対しては酒類を販売しません。

⑨ 特定商取引法に基づく表記

特定商取引法に基づく表記

事業者の名称および連絡先

販売業者名	台東上野商事株式会社
販売責任者	上野　太郎
所在地	東京都台東区上野１丁目１番１号
電話番号	03-○○○○－○○○○
メールアドレス	info@×××.co.jp
商品引渡し時期	代金入金確認後、○日以内に発送いたします。
商品代金以外の料金	送料　全国一律　550円（沖縄県、北海道を除く） 　　　北海道　　××円 　　　沖縄県　　××円 ※購入金額（税抜）が10,000円以上の場合は無料
支払時期	注文日から○日以内にお支払いください。
支払方法	銀行振込、クレジット決済、コンビニ決済、代金引換
返品・交換・キャンセル等	商品到着より○日以内に限り、返品に応じます。 送料は、商品に欠陥がある場合のみ当方が負担します。

酒類販売管理者標識		
	（販売場の所在地）	東京都台東区上野１－１－１
	（販売場の名称）	ネットショップ上野
	（酒類販売管理者の氏名）	上野　太郎
	（酒類販売管理研修受講年月日）	令和○年○月○日
	（次回研修の受講期限）	令和○年○月○日
	（研修実施団体名）	○○小売酒販組合

●酒類販売管理者選任届出書の記入例

令和6年12月10日

財務大臣　殿　❶

届出者
住所　　東京都台東区上野1丁目1番1
氏名(名称)　台東上野商事株式会社
　　　　　　代表取締役　上野　太郎

酒類販売管理者選任(解任)届出書

酒税の保全及び酒類業組合等に関する法律第86条の9第4項の規定により、下記のとおり酒類販売管理者の選任(解任)について届け出ます。

記

1　販売場の名称及び所在地
　　(名　称)　台東上野商事株式会社
　　(所在地)　東京都台東区上野1丁目1番地1、1番地2　　❷

2　酒類販売管理者の氏名、住所及び生年月日
　　○　選任した酒類販売管理者　　　　　　　○　解任した酒類販売管理者　❾
　　　(フリガナ)　うえの　じろう　　　　　　　(フリガナ)
　　　(氏　名)　上野　次郎　　　　　　　　　　(氏　名)　　　　　　　　　❸
　　　(住　所)　〒110-0005　　　　　　　　　　(住　所)　〒
　　　　　　　　東京都台東区上野○丁目○番○号

　　　(生年月日)　昭和45年○月○日　　　　　　(生年月日)

3　酒類販売管理者の役職名等
　　○　選任した酒類販売管理者　　　　　　　○　解任した酒類販売管理者　❿
　　　　ネットショップ店長　　　　　　　　　　　　　　　　　　　　　　❹

4　酒類販売管理者の選任(解任)年月日
　　☑　選　任　　令和6年12月1日　　　　　　　　　　　　　　　　　❺
　　□　解　任

5　酒類販売管理研修の受講年月日及び研修実施団体の名称
　　(受講年月日)　令和6年11月10日　　　　　　　　　　　　　　　　❻
　　(実施団体名)　○○小売酒販組合

6　雇用期間　　平成○年○月○日　　　　　　　　　　　　　　　　　　❼

7　従事させる業務内容
　　　店舗の運営・管理、従業員の指導

8　解任の理由　　　　　　　　　　　　　　　　　　　　　　　　　　❽

※税務署整理欄　　入力年月日　　・　・　　担当者

❶　「財務大臣」と記入します。提出先は免許申請書を提出した税務署です。
　　酒類販売管理者を選任してから2週間以内に提出します。
❷　販売場の名称及び所在地を記入します。所在地は地番で記入します。
❸　選任した酒類販売管理者の氏名、住所、生年月日を記入します。
❹　選任した酒類販売管理者の会社での役職名を記入します。
❺　「選任」にチェックを入れ、選任した日を記入します。
❻　酒類販売管理研修の受講年月日及び研修実施団体の名称を記入します。
　　酒類販売管理研修の受講票を添付します。
❼　酒類販売管理者に選任した者の雇用期間を記入します。
　　雇用期間の定めがない場合には、雇用開始日を記入してください。
　　役員を酒類販売管理者に選任した場合は、役員が酒類販売場となる店舗で従事を始めた日を記入してください。
❽　酒類販売管理者の酒類販売場での業務内容を記入します。
　　経営者の場合には「会社の運営全般」、店長の場合は「店舗の運営・管理、従業員の指導」など具体的な業務内容を記入してください。
❾　酒類販売管理者を変更する場合等で、解任する酒類販売管理者がいる場合は、解任する酒類販売管理者の氏名、住所及び生年月日を記入してください。
❿　❾に記入した解任した酒類販売管理者の解任前の役職名を記入します。

（4）条件緩和申出の際の通信販売酒類小売業免許申請書チェック表の記入例

通信販売酒類小売業免許申請書チェック表

※ 通信販売酒類小売業免許申請書の提出時に太線の枠内を記載して、添付してください。

| この申請についての連絡先住所、電話番号及び担当者氏名 | 東京都台東区上野1-1-1
台東上野商事株式会社　上野 太郎　電話03-0000-0000 | | | ❶ |

《①酒類販売業免許申請書及び申請書次葉1～6》

記載事項	確認事項　❷	確認	税務署整理欄	
販売場の所在地及び名称	・不動産登記法による全ての地番、住居表示による所在地及び名称等が記載されているか ・ふりがなの記載漏れはないか	○		
申請する販売業免許等の種類	「通信販売酒類小売業免許」と記載されているか	○		
販売業免許申請書次葉1 （販売場の敷地の状況）	建物の全体図に、申請販売場の位置が明示されているか	○		
販売業免許申請書次葉2 （建物等の配置図）	・申請販売場と一体として機能する倉庫等は明示されているか ・酒類の標識の掲示、陳列場所における表示は明示されているか	○		
販売業免許申請書次葉3 （事業の概要）	店舗等の広さ、什器備品等について記載漏れはないか	○		
販売業免許申請書次葉4 （収支の見込み）	申請販売場の店舗に照らし合わせた合理的な収支見積もりが組まれているか			❸
販売業免許申請書次葉5 （所要資金の額及び調達方法）	自己資金による場合は資金繰表、資金捻出の根拠説明書又は残高証明書等、融資による場合は金融機関の証明書又は融資者の原資内容を証明する書類を添付しているか	○		
販売業免許申請書次葉6 （「酒類の販売管理の方法」に関する取組計画書）	酒類販売管理者の選任予定者の氏名及び年齢等が記載されているか	○		

《添付書類》

添付書類	確認事項　❹	確認	税務署整理欄	
酒類販売業免許の免許要件誓約書（通信販売酒類小売業免許申請用）	・誓約事項に漏れはないか ・誓約すべき者に漏れはないか（申請者、申請法人の監査役を含めた役員全員、申請者の法定代理人及び申請販売場の支配人）	○		❺
申請者の履歴書	・提出すべき者の漏れはないか ・申請者が法人の場合には、法人の監査役など、役員全員が添付されているか			❻
定款の写し	申請者が法人の場合、添付されているか			❻
契約書等の写し （申請書次葉3付属書類）	土地、建物、施設又は設備等が賃貸借の場合は賃貸借契約書（写）、建物が未建築の場合は請負契約書（写）、農地の場合は農地転用許可関係書類（写）を添付しているか			❻
地方税の納税証明書	・都道府県及び市区町村が発行する納税証明書（未納税額がない旨及び2年以内に滞納処分を受けたことがない旨の証明）をそれぞれ添付しているか ・法人については、証明事項に「特別法人事業税」を含めているか	○		❼
最終事業年度以前3事業年度の財務諸表	最終事業年度以前3事業年度分があるか （個人の場合には、収支計算書等）			❻
土地及び建物の登記事項証明書	・全部事項証明書を添付しているか ・申請販売場の建物が複数の土地にかかる場合には、その全ての地番に係る土地の登記事項証明書を添付しているか			❻
その他参考となるべき書類	(1) 販売しようとする酒類についての説明書、酒類製造者が発行する通信販売の対象となる酒類である旨の証明書又は製造委託契約書・同計画書等 (2) 酒類の通信販売における表示を明示したカタログ等（インターネット等によるものを含む。）のレイアウト図、申込書、納品書（案）等（次頁の内容についても確認しているか。）	○		❽

236

❶　免許申請に関する連絡先について、住所、電話番号、担当者名を記入ます。
❷　酒類販売業免許申請書及び申請書次葉1～6の内容について、記載漏れや記入間違いがないか確認して確認欄に○を付けます。
❸　全酒類卸売業免許への条件緩和ではないので、「販売業免許申請書次葉4」（収支の見込み）は必要ありません。確認欄に斜線を引きます。
❹　添付書類に漏れはないか確認し、確認欄に○を付けます。提出しなくてよいものまたは該当がないものについては、確認欄に斜線を引いてください。
❺　通信販売酒類小売業免許用の誓約書が必要です。
❻　既に同じ税務署管内で酒類販売業免許を取得しているので、「申請者の履歴書」、「定款の写し」、「不動産の賃貸借契約書の写し」、「土地建物の登記事項証明書」は必要ありません。
❼　都道府県の納税証明書と市区町村の納税証明書の提出を求められる場合もあります。酒類販売業免許申請に必要な納税証明書は、課税額の証明書ではなく、「未納税額がない旨及び2年以内に滞納処分を受けたことがない旨」の証明書ですので注意してください。東京都23区の場合には、区の納税証明書はありません。
❽　「酒類の通信販売における表示を明示したカタログ等（ネット販売による場合にはWEBサイト）」のレイアウト図、申込書、納品書の見本などを添付する必要があります。

《(2)についての確認事項》 ❾	確認	税務署整理欄
酒類の販売方法等について次の事項を満たしていること		
(1) 特定商取引に関する法律の消費者保護関係規定に準拠していること	○	
イ カタログ等(インターネット等によるものを含む。以下同じ。)に次の事項が表示されていること	○	
(イ) 商品の販売価格（販売価格に商品の送料が含まれない場合には、販売価格及び商品の送料）	○	
(ロ) 商品の代金の支払の時期及び方法	○	
(ハ) 商品の引渡時期	○	
(ニ) 商品の売買契約に係る申込みの期間に関する定めがあるときは、その旨及びその内容		
(ホ) 商品の売買契約の申込みの撤回又は解除に関する事項（その売買契約に係る返品特約がある場合はその内容を含む。）	○	
(ヘ) 販売業者の氏名又は名称、住所及び電話番号	○	
(ト) 法人の場合、インターネット等によるときは、販売業者の代表者又は通信販売に関する業務の責任者の氏名	○	
(チ) 販売業者が外国法人又は外国に住所を有する個人であって、国内に事務所等を有する場合には、当該事務所等の所在場所及び電話番号		
(リ) 上記(イ)以外に購入者が負担すべき金銭があるときは、その内容及びその額		
(ヌ) 引き渡された商品が種類又は品質に関して契約の内容に適合しない場合の販売業者の責任についての定めがあるときは、その内容		
(ル) 商品の売買契約を2回以上継続して締結する必要があるときは、その旨及び金額、契約期間その他の販売条件		
(ヲ) (リ)、(ヌ)、(ル)に掲げるもののほか、商品の販売数量の制限その他の商品の販売条件があるときは、その内容		
(ワ) 請求により交付する書面又は提供する電磁的記録が有料のときは、その額		
(カ) 電子メールで広告するときは、販売業者の電子メールアドレス	○	
ロ 商品の引渡しをする前に、商品の代金の全部又は一部を受領する場合は、申込みを承諾する旨の通知をすることとしていること	○	
(2) 二十歳未満の者の飲酒防止に関する表示基準に基づき、カタログ等（インターネット等によるものを含む。）に次の事項が表示されていること	○	
イ 「20歳未満の者の飲酒は法律で禁止されている」又は「20歳未満の者に対しては酒類を販売しない」旨（カタログ等）	○	
ロ 申込者の年齢記載欄を設けた上で、その近接する場所に「20歳未満の者の飲酒は法律で禁止されている」又は「20歳未満の者に対しては酒類を販売しない」旨（申込書等）（インターネット等により申込みを受ける場合には申込みに関する画面）	○	
ハ 「20歳未満の者の飲酒は法律で禁止されている」旨（納品書等）（インターネット等による通知を含む。）	○	
ニ 上記イからハについて、10ポイントの活字（インターネット等による場合には酒類の価格表示に使用している文字）以上の大きさの統一のとれた日本文字で明瞭に表示されていること	○	
(3) 酒類業組合法に基づき、カタログ等（インターネット等によるものを含む。）の見やすい場所に次の①から⑤を記載した標識を表示していること ❿	○	

① 販売場の名称及び所在地
② 販売管理者の氏名
③ 酒類販売管理研修受講年月日
④ 次回研修の受講期限（③の3年後の前日）
⑤ 研修実施団体名

「標識」のイメージ

酒類販売管理者標識	
販売場の名称及び所在地	国税酒店 千代田区霞が関3－1－1
酒類販売管理者の氏名	国税　太郎
酒類販売管理研修受講年月日	令和元年5月1日
次回研修の受講期限	令和4年4月30日
研修実施団体名	霞が関小売酒販組合

❾ 酒類の通信販売における表示を明示したカタログ等のレイアウト図、申込書、納品書（案）等について、表示されている項目に○を付けてください。提出しなくてもよいものまたは該当がないものについては、確認欄に斜線を引いてください。

❿ 酒類業組合法に基づき、カタログ等の見やすい場所に酒類販売管理者標識を表示する必要があります。

第 5 章
酒類販売場移転許可申請書の記入例

1 酒類販売場移転許可申請書の記入例

　酒類販売業免許は、「人」、「場所」、「もの」を限定して付与されており、それが酒類販売業免許通知書に記載されています。期間が限定されている酒類販売業免許もあります。

　免許を受けている人（酒類販売業者である個人または法人）が変わる場合は、新たに酒類販売業免許を取得し直す必要があり、場所（販売場の所在地）が変更となる場合は移転許可を受けなければなりません。また、もの（取り扱う酒類の品目の範囲）が増える場合には、前章の条件緩和を受ける必要があります。

　なお、全酒類卸売業免許及びビール卸売業免許を受けている酒類販売場を他の都道府県に移転する場合は、抽選の対象になりますので注意が必要です。

　本章では、通信販売酒類小売業免許が付与されている酒類販売場を移転する場合の酒類販売場移転許可申請書の記入例について解説します。

　販売場の所在地が変わりますので賃貸借契約書や土地建物の登記事項証明書などの提出が求められ、主として新たに酒類販売場となる場所に関する審査が行われます。

　移転許可申請書を提出してから酒類販売場の移転が許可されるまで約 2 か月かかりますので、余裕をもって申請してください。また、

第 5 章　酒類販売場移転許可申請書の記入例

申請書は、移転後の販売場の所在地に関係なく免許を受けている販売場を所轄する税務署長に提出してください。

(1) 酒類販売場移転許可申請書の記入例

CC1-5126

酒類販売場移転許可申請書

収受印		整理番号	※	

令和6年9月1日

申請者

(住所) 〒110-0005
東京都台東区上野1丁目1番1号
(電話) 03
○○○○
○○○○ ❷

(氏名又は名称及び代表者氏名)
(ふりがな) たいとううえのしょうじ　うえの　たろう
台東上野商事株式会社
代表取締役　上野　太郎 ❸

❶ 東京上野　税務署長　殿

酒類販売場の移転の許可を受けたいので、酒税法第16条第1項の規定により関係書類を添付して下記のとおり申請します。

記

| 住　所 | 移転前 | |
| | 移転後 | |

販売場の所在地及び名称	移転前	(地番) 東京都台東区上野1丁目1番地1、1番地2 ××ビル　4階	❹
		(住居表示)　〒110-0005 東京都台東区上野1丁目1番1号	❺
		(名　称) ねっとしょっぷうえの ネットショップ上野　　(業態) 通信販売	❻
	移転後	(地番) 東京都台東区池之端1丁目2番地2 ××ビル4階　　　(別添図面のとおり)	❼
		(住居表示)　〒110-0008 東京都台東区池之端1丁目2番22号 ××ビル4階	❽
		(ふりがな) ねっとしょっぷうえの (名　称) ネットショップ上野　(業態) 通信販売 (電話) 03-0000-0000	❾

| 申請販売場の酒類販売管理者(の選任予定) | (ふりがな) うえのじろう　役職、申請者との関係、生年月日等
(氏　名) 上野　次郎　　ネットショップ店長　昭和○年○月○日 | ❿ |

| 販売酒類の範囲(品目等)及び販売方法 | 酒類の販売方法は、通信販売に限る。
販売する酒類の範囲は、輸入酒類に限る。 | ⓫ |

臨時販売場の開設区分	
臨時販売場の開設時期	自平成　　年　　月　　日　至平成　　年　　月　　日
移転の理由	事業の拡大により、販売場が狭隘になったため	⓬
移転年月日	令和6年11月1日	⓭

| 受理番号 | ※ | 審査順位 | ※ | 局署番号 | ※ | |
| 申請書入力 | ※ (　　月　　日) | | ※ | | ※ | ※ |

242

❶ 移転後の酒類販売場の所在地を所轄する税務署長名を記入します。
❷ 本店所在地の住所を記入します。
❸ 申請者の名称を記入します。
　個人の場合は氏名、会社の場合は会社名並びに代表者の役職及び氏名、ふりがなも忘れずに記入してください。
❹ 販売場移転前の地番を記入します。
❺ 販売場移転前の住所（住居表示）を記入します。
❻ 販売場移転前の販売場の名称及び業態を記入します。
❼ 販売場移転後の地番を記入します。ビルに入居する場合はビル名と部屋番号（または階）も記入してください。
❽ 販売場移転後の住所（住居表示）を記入します。ビルに入居する場合はビル名と部屋番号（または階）も記入してください。
❾ 販売場移転後の販売場の名称と業態を記入します。
❿ 酒類販売管理者となる者の氏名、役職、申請者との関係、生年月日を記入します。
　酒類販売管理者は、3年以内に「酒類販売管理研修」を受講している者のなかから選任する必要があります。
⓫ 現在の免許条件（酒類販売業免許通知書に記載されている免許条件）を記入します。
⓬ 販売場を移転する理由を簡潔に記入します。
⓭ 販売場の移転予定日を記入します。
　移転許可の申請から移転許可まで、約2か月かかりますので、余裕をもって申請してください。

(2) 酒類販売業免許申請書　次葉1の記入例

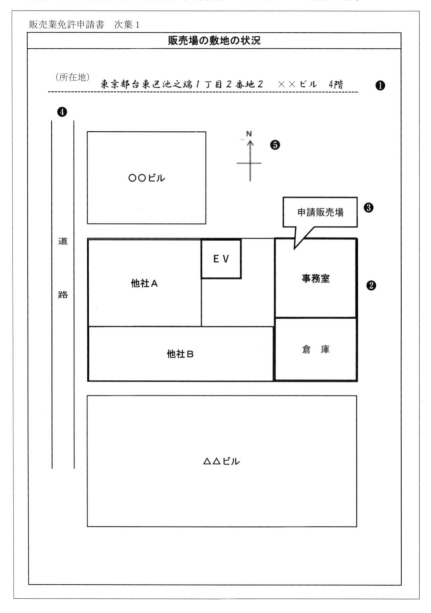

❶ 販売場となる建物のある場所の地番を記入します。ビル名及び販売場の置かれる階も記入します。
❷ 販売場兼事務室、倉庫の位置を明示します。
　申請販売場が建物の一部である場合は、建物の全体図（申請販売場のある階の部分）に、その位置を明示します。
❸ 建物の全体図に申請販売場の位置を明示（太線で囲む）します。
❹ 道路の位置を明示します。
❺ 方角を明示します。

(3) 酒類販売業免許申請書　次葉2の記入例

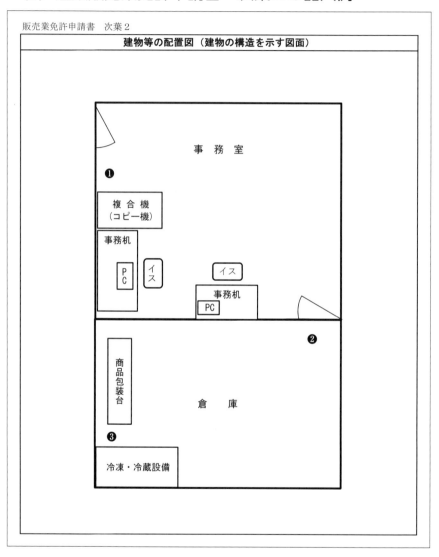

❶ 販売場となる事務室内の配置（机、椅子、パソコン、コピー機などの配置）を明示します。
❷ 申請販売場と一体として機能する倉庫等についても明示します。
❸ 冷蔵庫、冷蔵設備等の設置場所を明示します。

(4) 酒類販売業免許申請書　次葉3の記入例

販売業免許申請書　次葉3

事業の概要（販売設備状況書）

区　　　　分	数　量　等	
(1)　敷　地　（~~自己所有~~・借地）	350 ㎡	❶
(2)　建　物　（~~自己所有~~・借用）	250 ㎡	❷
イ　店舗	— ㎡	
ロ　事務所	50 ㎡	❸
ハ　倉庫	30 ㎡	❹
(3)　車両運搬具　（自己所有）		
イ		
ロ		
ハ		
ニ		
(4)　什器備品		❺
イ　パソコン	2 台	
ロ　プリンタ	1 台	
ハ　事務机・椅子	2 組	
ニ　複合機（コピー機）	1 台	
ホ　冷凍・冷蔵設備	1 基	
ヘ　商品包装台	1 台	
ト		
チ		
リ		
ヌ		
(5)　従業員（アルバイトを含む。）	4 人	❻
うち常勤	2 人	❼

❶ 建物のある敷地全体の面積を記入します。
❷ 酒類売場のある建物の床面積（2階以上の建物の場合には、酒類販売場のある階の床面積）を記入します。
❸ 販売場となる事務所の床面積を記入します。
❹ 倉庫がある場合には、倉庫の床面積を記入します。
❺ 事務所、倉庫等に配置される什器備品（机、椅子、パソコン、冷蔵設備など）の種類と数量を記入します。
❻ 事業に従事する従業員の数（アルバイトを含む）を記入します。
❼ 上記のうち、常勤の従業員の数を記入します。

2 酒類販売場移転許可申請書の添付書類の留意事項及び記入例

(1) 賃貸借契約書等の写し（申請書次葉３付属書類）

　賃貸借契約書等は、申請者が申請販売場を確実に使用できることを確認するために必要な書類です。申請販売場を設置する建物が自己（自社）所有なのか賃借物件なのかによって提出する書類が異なります。
① 申請販売場の土地、建物、設備等が賃借物件の場合
　賃貸借契約書等（申請販売場の建物等を確実に使用できることが確認できる書類）の写し（転貸の場合は所有者から申請者までの賃貸借契約書等の写し）を添付してください（114 ページ POINT9 を参照）。
② 申請販売場の建物等が未建築の場合
　請負契約書等（申請販売場の建物等を今後建築することが確認できる書類）の写しを添付してください。
　申請販売場の建築予定地が農地等であり、建物を建築するために農地の転用の許可等を必要とするなど、法令や条例により許可等が必要となる場合には、その許可等の申請に係る関係書類の写しを添付してください。

(2) 土地及び建物の登記事項証明書

　登記事項証明書は、土地・建物が実在することを確認するために必要な書類です。申請販売場の所在する土地及び建物に係る登記事項の全部を証明した全部事項証明書を添付してください。
　申請販売場に係る建物の全部事項証明書の所在欄に記載されている地番が複数の地番にかかる場合は、そのすべての地番に係る土地の全部事項証明書が必要になります。
　登記情報提供サービスによる登記情報を印刷したものは、申請等の添付書類とすることはできませんので注意してください。

(3) 酒類販売場移転許可申請書（h）チェック表の記入例

CC1-5104-2(7)

酒 類 販 売 場 移 転 許 可 申 請 書（h）チ ェ ッ ク 表

《酒類販売場移転許可申請書及び申請書次葉》

記載事項	確認事項	備考	確認
販売場の所在地及び名称	・不動産登記法による全ての地番、住居表示による所在地及び名称等が記載されているか ・ふりがなの記載漏れはないか		○ ❶
酒類販売管理者の選任（予定）	氏名・役職等が記載されているか		○
移転年月日	事業計画に基づいた、予定の移転年月日が記載されているか		○
販売業免許申請書次葉1 （販売場の敷地の状況）	建物の全体図に申請販売場の位置が明示されているか		○
販売業免許申請書次葉2 （建物等の配置図）	・申請販売場と一体として機能する倉庫等は明示されているか ・酒類の標識の掲示、陳列場所における表示は明示されているか		○
販売業免許申請書次葉3 （事業の概要）	店舗等の広さ、什器備品等について記載漏れはないか		○

《添付書類》

記載事項	確認事項	備考	確認
契約書等の写し	土地、建物、設備等が賃貸借の場合は賃貸借契約書等の写し、建物が未建築の場合は請負契約書等の写し、農地の場合は農地転用許可に係る証明書等の写し、その他土地、建物、設備等が自己の所有に属しない場合で、確実に使用できることが認められる書類 ❷		○ ❸
土地及び建物の登記事項証明書	・全部事項証明書を添付しているか ・申請販売場の建物が複数の土地にまたがる場合には、その全ての地番にかかる土地の登記事項証明書を添付しているか		○ ❹
免許申請書チェック表	・確認欄に○印を付して確認しているか ・省略した書類について斜線を引いているか		○

❶ 酒類販売場移転許可申請書及び申請書次葉1～3の内容について、記載漏れや記入間違いがないか確認して確認欄に○を付けます。

❷ 添付書類に漏れがないか確認し、確認欄に○を付けます。

❸ 申請者が申請場所を販売場として利用できることを証明するために、土地、建物、施設または設備等が賃貸借の場合は賃貸借契約書の写し、建物が建築中の場合は請負契約書の写し、農地の場合は農地転用許可関係書類の写しが必要です。

❹ 申請販売場にかかる土地及び建物の全部事項証明書が必要です。建物の敷地が複数の土地にまたがる場合には、そのすべての地番にかかる土地の登記事項証明書が必要です。

第6章

酒税法上の義務に基づく申告書・報告書の記入例

　第1部第5章で説明したように、酒類販売業者には、記帳義務をはじめとして様々な義務が課されています。
　例えば、酒類販売業者の本社所在地や代表者に変更があった場合、酒類流通を合理化するために流通倉庫を設ける場合などはその旨を税務署長に申告または報告しなければなりません。
　本章では、次の2点について解説します。
① 　本社を移転し、代表者を変更した場合の異動申告書の記入例
　　異動申告書は、変更が生じたら直ちに酒類販売場の所在地を所轄する税務署長に提出する必要があります。筆者は、審査担当者にわかりやすいように、異動申告書に変更事項が登記された登記事項証明書の写しを添付して提出しています。
② 　常設の酒類倉庫を設置する場合の酒類蔵置所設置報告書の記入例
　　この報告書は、酒類販売業者が、免許を受けた酒類販売場以外の場所に酒類を保管する倉庫等を設置する場合にその旨を報告するためのものです。酒類倉庫を設置する前に、酒類販売場の所在地を所轄する税務署長に提出する必要があります。筆者は、設置する酒類蔵置所の設置場所がわかりやすいように、蔵置所周辺の地図と酒類販売業免許申請書次葉1を報告書に添付して提出しています。

1 本社を移転し、代表者を変更した場合の異動申告書の記入例

この申告書は、次の事項に異動を生じた場合に提出します。
① 酒類販売業者の住所、氏名または名称並びに販売場の所在地及び名称
② 酒類販売業者の役員（代表者のみ）及び販売場の支配人
③ 酒類販売業者である法人がその組織を変更する場合

CC1-5612

異 動 申 告 書

酒 税

収受印

令和 6 年 11 月 1 日

東京上野 税務署長 殿

申告者	(住所) 〒110-0005 東京都台東区池之端1丁目2番22号	(電話) 03 ○○○○ 局 ○○○○ 番	❶
	(氏名又は名称及び代表者氏名) (ふりがな) たいとううえのしょうじ　うえの　じろう 台東上野商事株式会社　代表取締役　上野　次郎		❷
	個人番号又は法人番号	↓個人番号の記載に当たっては、左端を空欄とし、ここから記載してください。 ×　×　×　×　×　×　×　×　×　×　×　×	❸

酒税法施行令第17条・第54条の規定により下記のとおり申告します。

記

異動事項	住　所	前	東京都台東区上野1丁目1番1号	❹
		後	東京都台東区池之端1丁目2番22号	❺
	氏名又は名称・個人番号	前		
		後		
	製造場又は販売場	所在地 前		❶❶
		所在地 後		
		名称 前		
		名称 後		
	法定代理人、役員及び販売場の支配人	前	代表取締役　上野　太郎	❻
		後	代表取締役　上野　次郎	❼
異動理由			本社移転及び代表者変更のため	❽
摘　要			異動年月日　　　令和 6 年 10 月 15 日	❾
			本店又は住所地を所轄する税務署管内における販売場の有無 （(有) ・ 無 ）	❿

254

記入に当たり、注意する事項は次のとおりです。

❶　申告者の住所は、移転後の住所（申告書提出時の住所）を記入します。

❷　代表者氏名は、変更後の代表者名を記入します。

❸　法人番号または個人番号を記入します。

❹　本社移転前の住所を記入します。

❺　本社移転後の住所を記入します。

❻　変更前の代表者の役職及び氏名を記入します。

❼　変更後の代表者の役職及び氏名を記入します。

❽　異動の理由を簡潔に記入します。

❾　異動年月日には、次の日時を記入します。

　①　住所の変更
　　・個人の場合 … 住民票記載の異動年月日
　　・法人の場合 … 法人登記事項証明書の登記年月日
　②　法人の役員の変更 … 法人登記事項証明書の登記年月日

❿　本社所在地を所轄する税務署管内に免許を受けた酒類販売場がある場合には「有」に、ない場合には「無」に○を付けてください。

　本件の場合には、東京上野税務署管内に販売場がありますので、「有」に○を付けてください。

⓫　販売場を移転する場合は、「移転許可」が必要ですので注意してください。

2 常設の酒類倉庫を設置する場合の酒類蔵置所設置報告書の記入例

CC1-5156

酒類蔵置所 設置/廃止 報告書

整理番号 ※

収受印

令和6年11月7日

東京上野税務署長　殿

報告者:
- (住所) 〒110-0005　東京都台東区上野1丁目1番1号　❶
- (電話) 03-○○○○-○○○○
- (フリガナ) タイトウウエノショウジカブシキガイシャ　ウエノタロウ
- (氏名又は名称及び代表者氏名) 台東上野商事株式会社　代表取締役　上野　太郎　❷
- (法人番号) 個人の方は、個人番号の記載は不要です。×××××××××××× ❸

酒税法施行令第54条の2第1号の規定により下記のとおり報告します。

記

設置する蔵置所を廃止した製造場又は販売場の所在地及び名称	東京都台東区上野1丁目1番1号 東京都台東区上野1丁目1番地1、1番地2 上野ストアー丁目店	(電話) 03-○○○○-○○○○	❹
設置する蔵置所	所在地及び名称	東京都台東区上野○丁目○番○号　××倉庫株式会社　△△倉庫	❺
	設置年月日	令和6年11月30日	❻
	設置する期間	設置年月日から　　年　月　日までの間	❼
蔵置する酒類の範囲（品目等）	全酒類		❽
蔵置能力	❾ 100 kl	製造場又は販売場からの距離及び所要時間　2km、10分	❿
廃止する蔵置所	所在地及び名称		
	廃止年月日	令和　年　月　日	
設置の目的又は廃止の理由	販売場狭隘のため		⓫
その他の参考事項	酒類の在庫管理及び入出庫管理は、××倉庫株式会社△△倉庫に委託して行う。		⓬

※税務署処理欄　番号確認

入力年月日		担当者印
送付年月日		担当者印

記入に当たり、注意する事項は次のとおりです。

❶　報告者の住所及び電話番号を記入します。

❷　報告者の名称を記入します。

　個人の場合は氏名、法人の場合は会社名並びに代表者の役職及び氏名を記入してください。

❸　法人番号を記入します。個人の場合は、個人番号を記入する必要はありません。

❹　蔵置所を設置する酒類販売場の所在地及び名称を記入します。

　筆者は、審査担当者がわかりやすいように住居表示と地番の両方を記入しています。

❺　設置する酒類蔵置所（酒類倉庫）の所在地と名称を記入します。

❻　酒類蔵置所を設置する年月日を記入します。

❼　酒類蔵置所を設置する期間を記入します。期間の定めがない場合は、❻に設置日だけを記入します。

❽　蔵置する酒類の範囲は、その倉庫に保管する酒類の品目だけを記入します。

❾　倉庫に保管できる酒類の容量を記入します。

❿　販売場から蔵置所までの距離及び所要時間を記入します。

⓫　酒類蔵置所を設置する理由を簡記します。

（記入例）

・酒類販売場が狭くすべての酒類を保管できなくなった場合

　… 販売場狭隘のため

・酒類の流通倉庫を設け、酒類の配送を合理化する場合

　… 酒類流通の合理化のため

⓬　倉庫内に保管する酒類の在庫管理、入出庫管理の方法について記入します。倉庫会社に委託する場合は、その旨記入してください。

参考資料

1　酒類指導官設置税務署一覧

※令和6年7月10日現在

●札幌国税局

酒類指導官設置署 （連絡先電話番号）	対象税務署
札幌北税務署 011-707-5111	札幌中、札幌南、札幌西、札幌東、小樽、室蘭、岩見沢、苫小牧、倶知安、余市、浦河
函館税務署 0138-31-3171	八雲、江差
旭川中税務署 0166-90-1451	旭川東、北見、網走、留萌、稚内、紋別、名寄、滝川、深川、富良野
釧路税務署 0154-31-5100	帯広、根室、十勝池田

●仙台国税局

酒類指導官設置署 （連絡先電話番号）	対象税務署
青森税務署 017-776-4241	弘前、八戸、黒石、五所川原、十和田、むつ
盛岡税務署 019-622-6141	宮古、花巻、久慈、二戸
一関税務署 0191-23-4205	大船渡、水沢、釜石
仙台北税務署 022-222-8121	仙台中、仙台南、石巻、塩釜、大河原
古川税務署 0229-22-1711	気仙沼、築館、佐沼
秋田南税務署 018-832-4121	秋田北、能代、横手、大館、本荘、湯沢、大曲
山形税務署 023-622-1611	米沢、新庄、寒河江、村山、長井

酒類指導官設置署 （連絡先電話番号）	対象税務署
鶴岡税務署 0235-22-1401	酒田
福島税務署 024-534-3121	相馬、二本松
会津若松税務署 0242-27-4311	喜多方、田島
郡山税務署 024-932-2041	いわき、白河、須賀川

●関東信越国税局

酒類指導官設置署 （連絡先電話番号）	対象税務署
水戸税務署 029-231-4211	日立、太田、潮来
土浦税務署 029-822-1100	古河、下館、竜ケ崎
宇都宮税務署 028-621-2151	足利、栃木、佐野、鹿沼、真岡、大田原、氏家
前橋税務署 027-224-4371	高崎、桐生、伊勢崎、沼田、館林、藤岡、富岡、中之条
熊谷税務署 048-521-2905	川越、行田、秩父、所沢、本庄、東松山
浦和税務署 048-600-5400	川口、西川口、大宮、春日部、上尾、越谷、朝霞
新潟税務署 025-229-2151	新津、巻、新発田、村上、佐渡
長岡税務署 0258-35-2070	三条、柏崎、小千谷、十日町、糸魚川、高田
長野税務署 026-234-0111	上田、信濃中野、佐久

酒類指導官設置署 （連絡先電話番号）	対象税務署
松本税務署 0263-32-2790	飯田、諏訪、伊那、大町、木曽

●東京国税局

酒類指導官設置署 （連絡先電話番号）	対象税務署
千葉東税務署 043-225-6811	千葉南、千葉西、館山、木更津、茂原
松戸税務署 047-363-1171	市川、船橋、柏
成田税務署 0476-28-5151	銚子、佐原、東金
神田税務署 03-4574-5596	麹町、日本橋、京橋、四谷、新宿、小石川、本郷、中野、杉並、荻窪
品川税務署 03-3443-4171	芝、麻布、荏原、目黒、大森、雪谷、蒲田、世田谷、北沢、玉川、渋谷
浅草税務署 03-3862-7111	東京上野、本所、向島、江東西、江東東、足立、西新井、葛飾、江戸川北、江戸川南
豊島税務署 03-3984-2171	王子、荒川、板橋、練馬東、練馬西
立川税務署 042-523-1181	八王子、武蔵野、青梅、武蔵府中、町田、日野、東村山
横浜中税務署 045-651-1321	保土ケ谷、横浜南、戸塚、横須賀、鎌倉
川崎北税務署 044-852-3221	鶴見、神奈川、緑、川崎南、川崎西
厚木税務署 046-221-3261	平塚、藤沢、小田原、相模原、大和
甲府税務署 055-254-6105	山梨、大月、鰍沢

●金沢国税局

酒類指導官設置署 (連絡先電話番号)	対象税務署
富山税務署 076-432-4191	高岡、魚津、砺波
金沢税務署 076-261-3221	七尾、小松、輪島、松任
福井税務署 0776-23-2690	敦賀、武生、小浜、大野、三国

●名古屋国税局

酒類指導官設置署 (連絡先電話番号)	対象税務署
岐阜北税務署 058-262-6131	岐阜南、大垣、高山、多治見、関、中津川
静岡税務署 054-252-8111	清水、沼津、熱海、三島、島田、富士、藤枝、下田
浜松西税務署 053-555-7111	浜松東、磐田、掛川
名古屋中村税務署 052-451-1441	名古屋西、中川、一宮、半田、津島
名古屋中税務署 052-962-3131	千種、名古屋東、名古屋北、昭和、尾張瀬戸、小牧
熱田税務署 052-881-1541	豊橋、岡崎、刈谷、豊田、西尾、新城
津税務署 059-228-3131	四日市、伊勢、松阪、桑名、上野、鈴鹿、尾鷲

● 大阪国税局

酒類指導官設置署 （連絡先電話番号）	対象税務署
大津税務署 077-524-1111	彦根、長浜、近江八幡、草津、水口、今津
上京税務署 075-441-9363	左京、中京、東山、下京、右京、園部
伏見税務署 075-641-5138	宇治
福知山税務署 0773-22-3230	舞鶴、宮津、峰山
東税務署 06-6942-1101	大阪福島、西淀川、東成、旭、城東、東淀川、北、大淀、枚方、門真
南税務署 06-6768-4881	西、港、天王寺、浪速、生野、阿倍野、住吉、東住吉、西成
堺税務署 072-238-5551	岸和田、泉大津、泉佐野
茨木税務署 072-623-0150	豊能、吹田
東大阪税務署 06-6724-0001	八尾、富田林
神戸税務署 078-391-7933	兵庫、長田、須磨、洲本
姫路税務署 079-282-1306	相生、龍野
明石税務署 078-921-2261	加古川、西脇、三木、社
西宮税務署 0798-34-3930	灘、尼崎、芦屋、伊丹
福知山税務署 0773-22-3230	豊岡、和田山、柏原

酒類指導官設置署 (連絡先電話番号)	対象税務署
奈良税務署 0742-26-1209	葛城、桜井、吉野
和歌山税務署 073-424-2171	海南、御坊、田辺、新宮、粉河、湯浅

●広島国税局

酒類指導官設置署 (連絡先電話番号)	対象税務署
鳥取税務署 0857-22-2141	米子、倉吉
松江税務署 0852-21-7711	浜田、出雲、益田、石見大田、大東、西郷
岡山東税務署 086-225-3141	岡山西、西大寺、瀬戸、児島、倉敷、玉島、津山、玉野、笠岡、高梁、新見、久世
広島東税務署 082-227-1155	広島南、広島西、広島北、呉、三次、庄原、廿日市、海田、吉田
西条税務署 082-422-2191	竹原、三原、尾道、福山、府中
山口税務署 083-922-1340	下関、宇部、萩、徳山、防府、岩国、光、長門、柳井、厚狭

●高松国税局

酒類指導官設置署 (連絡先電話番号)	対象税務署
徳島税務署 088-622-4131	鳴門、阿南、川島、脇町、池田
高松税務署 087-861-4121	丸亀、坂出、観音寺、長尾、土庄
松山税務署 089-941-9121	今治、宇和島、八幡浜、新居浜、伊予西条、大洲、伊予三島

酒類指導官設置署 （連絡先電話番号）	対象税務署
高知税務署 088-822-1123	安芸、南国、須崎、中村、伊野

●福岡国税局

酒類指導官設置署 （連絡先電話番号）	対象税務署
博多税務署 092-641-8131	門司、若松、小倉、八幡、香椎、福岡、西福岡、直方、飯塚、田川、行橋、筑紫、壱岐、厳原
久留米税務署 0942-32-4461	大牟田、甘木、八女、大川
佐賀税務署 0952-32-7511	唐津、鳥栖、伊万里、武雄
長崎税務署 095-822-4231	佐世保、島原、諫早、福江、平戸

●熊本国税局

酒類指導官設置署 （連絡先電話番号）	対象税務署
熊本西税務署 096-355-1181	熊本東、八代、人吉、玉名、天草、山鹿、菊池、宇土、阿蘇
大分税務署 097-532-4171	別府、中津、日田、佐伯、臼杵、竹田、宇佐、三重
宮崎税務署 0985-29-2151	都城、延岡、日南、小林、高鍋
鹿児島税務署 099-255-8111	川内、鹿屋、出水、指宿、種子島、知覧、伊集院、加治木、大隅

● 沖縄国税事務所

酒類指導官設置署 (連絡先電話番号)	対象税務署
那覇税務署 098-867-3101	宮古島、石垣、北那覇、名護、沖縄

2 酒類販売管理研修実施団体（指定団体）一覧

※令和6年12月末現在

●国税庁指定団体

団 体 名	電話番号	対象地域
全国小売酒販組合中央会	03-3714-0172	全国
（一社）日本フランチャイズチェーン協会	03-5777-8773	全国
日本チェーンストア協会	03-5251-4600	全国（沖縄県を除く）
（一社）日本ボランタリーチェーン協会	03-5818-7321	全国（沖縄県を除く）
（一社）全国スーパーマーケット協会	03-3255-4825	全国
（一社）酒類政策研究所	042-384-0050	東京都、宮城県、大阪府

●札幌国税局指定団体

団 体 名	電話番号	対象地域
北海道小売酒販組合連合会	011-231-7800	札幌国税局管内
札幌中小売酒販組合	011-816-7211	札幌中税務署管内
札幌北小売酒販組合	011-741-6631	札幌北税務署管内
札幌南小売酒販組合	011-823-2103	札幌南税務署管内
札幌西小売酒販組合	011-641-8476	札幌西税務署管内
札幌東小売酒販組合	011-376-1510	札幌東税務署管内
函館小売酒販組合	0138-22-7819	函館税務署管内
渡島小売酒販組合	0138-26-7088	函館税務署管内
小樽小売酒販組合	0134-22-0386	小樽税務署管内
旭川小売酒販組合	0166-23-2232	旭川中税務署及び旭川東税務署管内

団体名	電話番号	対象地域
室蘭小売酒販組合	0143-43-6287	室蘭税務署管内
釧路小売酒販組合	0154-65-7541	釧路税務署管内
帯広小売酒販組合	0155-26-1121	帯広税務署管内
北見小売酒販組合	0157-23-3508	北見税務署管内
岩見沢小売酒販組合	0126-22-0840	岩見沢税務署管内
網走小売酒販組合	0152-44-7431	網走税務署管内
留萌小売酒販組合	0164-42-1058	留萌税務署管内
苫小牧小売酒販組合	0144-33-8411	苫小牧税務署管内
稚内小売酒販組合	0162-23-5195	稚内税務署管内
紋別小売酒販組合	0158-23-2175	紋別税務署管内
名寄小売酒販組合	01654-2-2538	名寄税務署管内
根室小売酒販組合	0153-24-3627	根室税務署管内
滝川小売酒販組合	0125-23-2809	滝川税務署管内
深川小売酒販組合	0164-34-8061	深川税務署管内
富良野小売酒販組合	0167-23-3733	富良野税務署管内
八雲小売酒販組合	01374-7-1222	八雲税務署管内
江差小売酒販組合	0139-56-6573	江差税務署管内
倶知安小売酒販組合	0136-22-1577	倶知安税務署管内
余市小売酒販組合	0135-23-2116	余市税務署管内
浦河小売酒販組合	0146-22-2023	浦河税務署管内
十勝池田小売酒販組合	015-572-2489	十勝池田税務署管内

●仙台国税局指定団体

団体名	電話番号	対象地域
青森県小売酒販組合連合会	017-777-3375	青森県内
青森小売酒販組合	017-777-3375	青森税務署管内（浪岡地区を除く）

団体名	電話番号	対象地域
弘前小売酒販組合	0172-32-3026	弘前税務署管内及び平川市碇ヶ関地区
八戸小売酒販組合	0178-43-1915	八戸税務署管内
黒石小売酒販組合	0172-52-4316	黒石税務署管内（平川市碇ヶ関地区を除く）及び青森市浪岡地区
北五小売酒販組合	0173-35-2803	五所川原市及び北津軽郡
鰺ヶ沢小売酒販組合	0173-72-2138	つがる市及び西津軽郡
十和田小売酒販組合	0176-58-5373	十和田税務署管内
下北小売酒販組合	0175-22-3261	むつ税務署管内
岩手県小売酒販組合連合会	019-622-6615	岩手県内
盛岡小売酒販組合	019-604-6672	盛岡税務署管内
宮古小売酒販組合	0193-62-5228	宮古税務署管内
気仙小売酒販組合	0192-27-4175	大船渡税務署管内
水沢小売酒販組合	0197-23-2875	水沢税務署管内
花巻小売酒販組合	0198-23-4274	花巻税務署管内
久慈小売酒販組合	0194-53-4596	久慈税務署管内
一関小売酒販組合	0191-23-5104	一関税務署管内
釜石小売酒販組合	0193-55-5237	釜石税務署管内
二戸小売酒販組合	0195-26-8202	二戸税務署管内
宮城県小売酒販組合連合会	022-391-1811	宮城県内
秋田県小売酒販組合連合会	018-864-0614	秋田県内
秋田南小売酒販組合	018-864-0614	秋田南税務署管内
秋田北小売酒販組合	018-845-0612	秋田北税務署管内
能代小売酒販組合	0185-52-7341	能代税務署管内

団体名	電話番号	対象地域
横手小売酒販組合	0182-32-2088	横手税務署管内
大館小売酒販組合	0186-42-0344	大館市、北秋田市及び北秋田郡
鹿角小売酒販組合	0186-23-4529	鹿角市及び鹿角郡
本荘小売酒販組合	0184-22-2447	本荘税務署管内
湯沢小売酒販組合	0183-73-8396	湯沢税務署管内
大曲小売酒販組合	0187-62-1096	大曲税務署管内
山形小売酒販組合	023-623-1760	山形税務署管内
米沢小売酒販組合	0238-23-2131	米沢市、川西町及び高畠町の一部
赤湯小売酒販組合	0238-58-5275	南陽市、川西町及び高畠町の一部
鶴岡小売酒販組合	0235-22-8231	鶴岡税務署管内
酒田小売酒販組合	0234-24-8663	酒田税務署管内
新庄小売酒販組合	0233-23-3680	新庄税務署管内
寒河江小売酒販組合	0237-85-3007	寒河江税務署管内
村山小売酒販組合	0237-55-3211	村山税務署管内
長井小売酒販組合	0238-84-6555	長井税務署管内
福島県小売酒販組合連合会	024-535-8688	福島県内
福島小売酒販組合	024-533-1938	福島税務署管内
会津若松小売酒販組合	0242-22-6682	会津若松税務署管内
郡山小売酒販組合	024-951-4811	郡山税務署及び須賀川税務署管内
いわき小売酒販組合	0246-23-5925	いわき税務署管内
白河小売酒販組合	0248-22-0065	白河税務署管内
喜多方小売酒販組合	0241-22-1247	喜多方税務署管内
相双小売酒販組合	0244-23-3583	相馬税務署管内

団体名	電話番号	対象地域
安達小売酒販組合	0243-22-4036	二本松税務署管内
田島小売酒販組合	0241-62-1861	田島税務署管内

●関東信越国税局指定団体

団体名	電話番号	対象地域
茨城県小売酒販組合連合会	029-221-6493	茨城県内
水戸小売酒販組合	029-221-5956	水戸税務署管内
日立税務署管内小売酒販組合	0294-21-6854	日立税務署管内
新筑小売酒販組合	029-822-8784	土浦税務署管内
猿島小売酒販組合	0280-48-6000	古河税務署管内
真結小売酒販組合	0296-22-2736	下館税務署管内
稲北小賣酒販組合	0297-62-2345	竜ケ崎税務署管内
久慈那珂小売酒販組合	0294-21-6854	太田税務署管内
鹿行小売酒販組合	0299-66-0387	潮来税務署管内
栃木県小売酒販組合連合会	028-637-1142	栃木県内
宇都宮小売酒販組合	028-633-9402	宇都宮税務署及び氏家税務署管内
足利小売酒販組合	0284-21-1354	足利税務署管内
栃木小売酒販組合	0282-23-2707	栃木税務署管内
佐野小売酒販組合	0283-22-5511	佐野税務署管内
上都賀小売酒販組合	0289-62-6325	鹿沼税務署管内
芳賀小売酒販組合	0285-82-3615 （税理士法人 柴会計事務所）	真岡税務署管内
大田原小売酒販組合	0287-23-2355	大田原税務署管内
群馬県小売酒販組合連合会	027-212-5427	群馬県内
前橋小売酒販組合	027-224-2217	前橋税務署管内

団　体　名	電話番号	対象地域
高崎小売酒販組合	027-362-0710	高崎税務署及び藤岡税務署管内
桐生小売酒販組合	0277-46-1787	桐生税務署管内
伊勢崎佐波小売酒販組合	0270-65-4728（福田酒店）	伊勢崎税務署管内
利根沼田小売酒販組合	0278-22-5161	沼田税務署管内
館林太田小売酒販組合	0276-73-1434	館林税務署管内
富岡小売酒販組合	0274-62-0462	富岡税務署管内
吾妻小売酒販組合	0279-75-3377	中之条税務署管内
安中小売酒販組合	027-385-8621	安中市内
埼玉県小売酒販組合連合会	048-832-2076	埼玉県内
川越小売酒販組合	049-272-7650	川越税務署管内
熊谷小売酒販組合	048-526-0018	熊谷税務署管内
川口小売酒販組合	048-471-9494	川口税務署管内
西川口小売酒販組合	048-471-9494	西川口税務署管内
浦和小売酒販組合	048-832-4432	浦和税務署管内
大宮小売酒販組合	048-668-3327	大宮税務署管内
行田小売酒販組合	048-561-0012	行田税務署管内
秩父小売酒販組合	0494-26-3030	秩父税務署管内
所沢小売酒販組合	04-2922-2763	所沢税務署管内
本庄小売酒販組合	0495-22-5241	本庄税務署管内
比企小売酒販組合	0493-22-0761	東松山税務署管内
春日部小売酒販組合	048-752-2311	春日部税務署管内
上尾小売酒販組合	048-871-7125	上尾税務署管内
越谷小売酒販組合	048-985-3232	越谷税務署管内
朝霞小売酒販組合	048-465-7111	朝霞税務署管内
新潟県小売酒販組合連合会	025-228-2261	新潟県内

団　体　名	電話番号	対象地域
新潟税務署管内小売酒販組合	025-222-0269	新潟税務署及び新津税務署管内
巻税務署管内小売酒販組合	0256-72-3330	巻税務署管内
長岡税務署管内小売酒販組合	0258-34-3246	長岡税務署、小千谷税務署及び三条税務署管内
柏崎税務署管内小売酒販組合	0257-22-5304	柏崎税務署管内
新発田税務署管内小売酒販組合	0254-24-5603	新発田税務署及び村上税務署管内
十日町税務署管内小売酒販組合	025-752-2493	十日町税務署管内
糸魚川税務署管内小売酒販組合	025-552-1225	糸魚川税務署管内
高田税務署管内小売酒販組合	025-522-2144	高田税務署管内
佐渡税務署管内小売酒販組合	0259-52-2604	佐渡税務署管内
長野県小売酒販組合連合会	026-266-7768	長野県内
長野小売酒販組合	026-227-6044	長野税務署管内
中信小売酒販組合	0263-28-3608	松本税務署管内
上田小売酒販組合	0268-28-5069	上田税務署管内
飯田小売酒販組合	0265-24-3860	飯田税務署管内
諏訪小売酒販組合	0266-52-0782	諏訪税務署管内
伊那小売酒販組合	0265-98-5209	伊那税務署管内
中野小売酒販組合	026-266-7768（長野県小売酒販組合連合会）	信濃中野税務署管内
北安曇小売酒販組合	0261-22-0566	大町税務署管内
佐久小売酒販組合	0267-67-2101	佐久税務署管内

●東京国税局指定団体

団体名	電話番号	対象地域
千葉東小売酒販組合	043-222-6205	千葉東税務署管内
千葉南小売酒販組合	0436-25-0012	千葉南税務署管内
千葉西小売酒販組合	043-250-5532	千葉西税務署管内
銚子小売酒販組合	0479-25-1232	銚子税務署管内
市川小売酒販組合	047-332-3388	市川税務署管内
船橋小売酒販組合	047-332-2244	船橋税務署管内
館山小売酒販組合	0470-22-1960	館山税務署管内
木更津小売酒販組合	0438-37-0631	木更津税務署管内
松戸小売酒販組合	047-362-9268	松戸税務署管内
佐原小売酒販組合	0478-52-2633	佐原税務署管内
茂原小売酒販組合	0475-32-4716	茂原税務署管内
成田小売酒販組合	0476-22-2363	成田税務署管内
東金小売酒販組合	0475-55-0846	東金税務署管内
柏小売酒販組合	04-7185-2622	柏税務署管内
東京小売酒販組合	03-3851-8201	東京都内
東京都卸売酒販組合	03-3551-3615	東京都内
神奈川県小売酒販組合連合会	045-641-7752	神奈川県内
山梨県小売酒販組合連合会	055-228-7708	山梨県内

●金沢国税局指定団体

団体名	電話番号	対象地域
富山県小売酒販組合連合会	076-452-2610	富山県内
富山小売酒販組合	076-452-0701	富山税務署管内
高岡小売酒販組合	0766-22-2248	高岡税務署管内
魚津小売酒販組合	0765-22-8211	魚津税務署管内
砺波小売酒販組合	0763-33-2244	砺波税務署管内

団　体　名	電話番号	対象地域
石川県小売酒販組合連合会	076-251-0155	石川県内
金沢小売酒販組合	076-251-0155	金沢税務署管内
七尾小売酒販組合	0767-52-3427	七尾税務署管内
小松小売酒販組合	0761-22-1139	小松税務署管内
鳳珠小売酒販組合	0768-22-8274	輪島税務署管内
白山野々市小売酒販組合	076-276-9342	松任税務署管内
福井県小売酒販組合連合会	0776-35-5333	福井県内
福井小売酒販組合	0776-35-1699	福井税務署管内
敦賀小売酒販組合	0770-25-4655	敦賀税務署管内
武生小売酒販組合	0778-23-3249	武生税務署管内
小浜小売酒販組合	0770-53-0856	小浜税務署管内
大野小売酒販組合	0779-64-5090	大野税務署管内
坂井小売酒販組合	0776-82-0172	三国税務署管内

●名古屋国税局指定団体

団　体　名	電話番号	対象地域
岐阜県小売酒販組合連合会	058-249-0430	岐阜県内
岐阜小売酒販組合	058-246-0678	岐阜北税務署及び岐阜南税務署管内
西濃小売酒販組合	0584-78-6016	大垣税務署管内
飛騨小売酒販組合	0577-32-0393	高山税務署管内
多治見小売酒販組合	0572-22-1849	多治見税務署管内
関小売酒販組合	0575-22-4363	関税務署管内
中津川小売酒販組合	0573-68-4330	中津川税務署管内
静岡県小売酒販組合連合会	054-204-8001	静岡県内
静岡小売酒販組合	054-209-2010	静岡税務署管内
清水小売酒販組合	054-366-0184	清水税務署管内

団 体 名	電話番号	対象地域
浜松小売酒販組合	053-482-7968	浜松西税務署及び浜松東税務署管内
沼津小売酒販組合	055-923-0781	沼津税務署管内
熱海小売酒販組合	0557-81-5619	熱海税務署管内
三島小売酒販組合	055-975-8580	三島税務署管内
富士小売酒販組合	0545-71-0051	富士税務署管内
磐田小売酒販組合	0538-32-3545	磐田税務署管内
掛川小売酒販組合	0537-22-2509	掛川税務署管内
藤枝小売酒販組合	054-641-1992	藤枝税務署管内
下田小売酒販組合	0558-23-1800	下田税務署管内
愛知県小売酒販組合連合会	052-332-1443	愛知県内
名古屋小売酒販組合	052-322-5781	名古屋市内税務署管内
愛知郡小売酒販組合	0561-73-3122	昭和税務署及び熱田税務署管内
豊橋小売酒販組合	0532-46-4086	豊橋税務署管内
岡崎小売酒販組合	0564-22-1722	岡崎税務署管内
一宮小売酒販組合	0586-71-0210	一宮税務署管内
半田小売酒販組合	0569-21-9869	半田税務署管内
津島小売酒販組合	0567-25-1382	津島税務署管内
豊田小売酒販組合	0565-98-0309	豊田税務署管内
西尾小売酒販組合	0563-56-3890	西尾税務署及び刈谷税務署管内
小牧小売酒販組合	0568-77-4871	小牧税務署及び尾張瀬戸税務署管内
新城小売酒販組合	0536-23-4032	新城税務署管内
三重県小売酒販組合連合会	059-226-7833	三重県内

団　体　名	電話番号	対象地域
津小売酒販組合	059-225-6866	津税務署及び松阪税務署管内
四日市小売酒販組合	059-353-1937	四日市税務署及び桑名税務署管内
伊勢小売酒販組合	0596-21-5009	伊勢税務署管内
伊賀小売酒販組合	0595-21-0753	上野税務署管内
鈴鹿小売酒販組合	059-383-0165	鈴鹿税務署管内
尾鷲小売酒販組合	0597-22-5159	尾鷲税務署管内

●大阪国税局指定団体

団　体　名	電話番号	対象地域
滋賀県小売酒販組合連合会	077-534-1621	滋賀県内
京都府小売酒販組合連合会	075-211-6067	京都府内
大阪府小売酒販組合連合会	06-6761-9331	大阪府内
兵庫県卸酒販組合	078-231-5861	兵庫県内
兵庫県小売酒販組合連合会	078-341-6034	兵庫県内
奈良県小売酒販組合連合会	0742-93-3611	奈良県内
和歌山県小売酒販組合連合会	073-488-7639	和歌山県内

●広島国税局指定団体

団　体　名	電話番号	対象地域
鳥取小売酒販組合	0857-22-4984	鳥取税務署管内
米子小売酒販組合	0859-33-9313	米子税務署管内
倉吉小売酒販組合	0858-22-2248	倉吉税務署管内
島根県小売酒販組合連合会	0852-23-3716	松江税務署管内
安来小売酒販組合	0854-32-3350	主として島根県内

団 体 名	電話番号	対象地域
出雲小売酒販組合	0853-31-4401	出雲税務署、大東税務署、浜田税務署、益田税務署及び石見太田税務署管内
隠岐小売酒販組合	08512-2-1240	西郷税務署管内
岡山県小売酒販組合連合会	086-231-2001	岡山県内
岡山小売酒販組合	086-231-2001	岡山東税務署、岡山西税務署、瀬戸税務署、玉野税務署及び新見税務署管内
西大寺小売酒販組合	086-942-0101	西大寺税務署管内
倉敷小売酒販組合	086-422-1336	倉敷税務署及び児島税務署管内
玉島小売酒販組合	086-525-2526	玉島税務署管内
津山小売酒販組合	0868-22-5673	津山税務署管内
笠岡小売酒販組合	0865-63-1151	笠岡税務署管内
高梁小売酒販組合	070-2007-5401	高梁税務署管内
久世小売酒販組合	080-2201-0821	久世税務署管内
広島県小売酒販組合連合会	082-554-2366	広島県内
広島小売酒販組合	082-554-2366	広島東税務署、広島西税務署、広島南税務署、広島北税務署、海田税務署、三次税務署及び吉田税務署管内
呉小売酒販組合	0823-21-1201	呉税務署管内
三原小売酒販組合	0848-63-2618	三原税務署管内
尾道小売酒販組合	0848-38-2228	尾道税務署管内
福山小売酒販組合	084-954-3900	福山税務署及び府中税務署管内

団 体 名	電話番号	対象地域
庄原小売酒販組合	0824-74-6306	庄原税務署管内
西条小売酒販組合	082-420-0314	西条税務署及び竹原税務署管内
山口県小売酒販組合連合会	0834-33-9225	山口県内
下関小売酒販組合	0832-54-2822	山口県内
徳山小売酒販組合	0834-21-0810	山口県内

●高松国税局指定団体

団 体 名	電話番号	対象地域
徳島県小売酒販組合連合会	088-684-0130	徳島県内
鳴門小売酒販組合	088-686-2653	鳴門税務署及び徳島税務署管内
阿南小売酒販組合	0884-22-3096	阿南税務署管内
川島小売酒販組合	0883-36-3028	川島税務署管内
池田小売酒販組合	0883-72-0143 (阿波池田商工会議所内)	池田税務署及び脇町税務署管内
香川県小売酒販組合	087-833-9169	香川県内
愛媛県小売酒販組合連合会	089-932-1731	愛媛県内
松山小売酒販組合	089-932-1731	松山税務署管内
今治小売酒販組合	0898-33-1333	今治税務署管内
宇和島小売酒販組合	0895-25-0830	宇和島税務署管内
八幡浜小売酒販組合	080-9836-3227	八幡浜税務署管内
東宇和小売酒販組合	0894-62-0451	八幡浜税務署管内
新居浜小売酒販組合	0897-32-6777	新居浜税務署管内
伊予西条小売酒販組合	0897-56-4122	伊予西条税務署管内
大洲小売酒販組合	0893-24-5972	大洲税務署管内
三島小売酒販組合	0896-56-8888	伊予三島税務署管内
高知県小売酒販組合連合会	088-803-5008	高知県内

団 体 名	電話番号	対象地域
高知小売酒販組合	088-803-5008	高知税務署及び安芸税務署管内
南国小売酒販組合	0887-52-1730	南国税務署管内
須崎小売酒販組合	0889-42-5390	須崎税務署管内
中村小売酒販組合	090-3184-4206	中村税務署管内
伊野小売酒販組合	088-893-4560	伊野税務署管内

●福岡国税局指定団体

団 体 名	電話番号	対象地域
福岡県小売酒販組合連合会	092-431-7224	福岡県内
小倉小売酒販組合	093-921-1350	小倉税務署管内
八幡小売酒販組合	093-662-6100	八幡税務署管内
門司小売酒販組合	093-321-4397	門司税務署管内
遠賀若松小売酒販組合	093-293-8142	若松税務署管内
京築小売酒販組合	0930-22-4788	行橋税務署管内
博多小売酒販組合	092-436-7383	博多税務署管内
香椎小売酒販組合	0940-38-5678	香椎税務署管内
筑紫小売酒販組合	092-589-7020	筑紫税務署管内
大牟田小売酒販組合	0944-57-0097	大牟田税務署管内
甘木小売酒販組合	0946-22-2183	甘木税務署管内
八女小売酒販組合	0943-22-2619	八女税務署管内
大川小売酒販組合	0944-87-1957	大川税務署管内
佐賀県小売酒販組合連合会	0955-72-2246	佐賀県内
佐賀小売酒販組合	0952-23-5652	佐賀税務署及び鳥栖税務署管内
唐津小売酒販組合	0955-72-2246	唐津税務署及び武雄税務署管内
長崎県小売酒販組合連合会	095-824-2019	長崎県内

団体名	電話番号	対象地域
（一社）日本研修機構	092-284-5507	福岡県・佐賀県及び長崎県内

●熊本国税局指定団体

団体名	電話番号	対象地域
熊本県小売酒販組合連合会	0964-22-0109 (宇土小売酒販組合)	熊本県内
熊本小売酒販組合	096-378-1130	熊本西税務署及び熊本東税務署管内
八代小売酒販組合	0965-32-2504	八代税務署管内
人吉小売酒販組合	0966-22-5059	人吉税務署管内
玉名小売酒販組合	0968-73-7610	玉名税務署管内
天草小売酒販組合	0969-22-2202	天草税務署管内
山鹿小売酒販組合	0968-43-2814	山鹿税務署管内
菊池小売酒販組合	0968-25-2249	菊池税務署管内
宇土小売酒販組合	0964-22-0109	宇土税務署管内
阿蘇小売酒販組合	0967-32-0602	阿蘇税務署管内
大分県小売酒販組合連合会	097-536-0225	大分県内
大分小売酒販組合	097-532-5284	大分市内
別府小売酒販組合	0977-22-3658	別府税務署管内
国東小売酒販組合	0978-72-3050	国東市及び東国東郡内
中津小売酒販組合	090-7984-5658	中津税務署管内
日田小売酒販組合	0973-22-3017	日田市及び日田郡内
玖珠小売酒販組合	0973-78-8700	玖珠郡内
臼杵佐伯小売酒販組合	080-2790-5772	臼杵税務署及び佐伯税務署管内
竹田小売酒販組合	0974-75-2370	竹田税務署管内
宇佐小売酒販組合	0978-38-2334	宇佐税務署管内

団体名	電話番号	対象地域
宮崎県小売酒販組合連合会	0985-26-3567	宮崎県内
宮崎小売酒販組合	0985-29-1863	宮崎税務署及び高鍋税務署管内
都城小売酒販組合	0986-23-0117	都城税務署管内
延岡小売酒販組合	0982-33-3443	延岡税務署管内
高千穂小売酒販組合	0982-72-4069	西臼杵郡内
日南小売酒販組合	0987-22-2292	日南税務署管内
小林小売酒販組合	0984-22-4263	小林税務署管内
鹿児島県小売酒販組合連合会	099-253-4302	鹿児島県内
鹿児島小売酒販組合	099-253-4304	鹿児島税務署、種子島税務署及び指宿税務署管内
奄美大島小売酒販組合	0997-52-0569	大島税務署管内
出水小売酒販組合	0996-62-0013	出水税務署管内
大隈小売酒販組合	099-482-0686	大隅税務署管内
にしきえ小売酒販組合	0994-43-2241	鹿屋税務署及び加治木税務署管内
薩摩小売酒販組合	099-206-9180	伊集院税務署、知覧税務署及び川内税務署管内 旧日置郡松元町及び郡山町

●沖縄国税事務所指定団体

団体名	電話番号	対象地域
沖縄県小売酒販組合	098-943-8775	沖縄県内

●プロフィール

小林　秀一（こばやし　ひでかず）

行政書士・税理士・酒類業コンサルタント・産業カウンセラー
小林法務会計事務所　代表
やまなし大使
1954 年長野県生まれ、東京都在住

早稲田大学政治経済学部卒業後、1979 年東京国税局に入庁。
1987 年より、国税庁課税部酒税課実査官・係長として、酒類販売業免許制度の企画立案、ビール製造免許の審査、酒類業界の指導などの業務に従事。川崎市内の税務署の酒類指導官を経て、1998 年より国税庁税務大学校に異動。研究部教育官、教務課課長補佐を歴任し、酒類行政に関する研究及び税務職員の教育計画の企画立案に従事。
その後、税務大学校研究部教授、東京国税局酒類業調整官、信濃中野税務署長、税務大学校教務課長、横須賀税務署長、酒類総合研究所総務課長、甲府税務署長、東京上野税務署長を歴任し、2015 年定年退職。
2016 年 9 月　小林法務会計事務所を設立

よくわかる 酒類販売業免許申請ハンドブック	令和7年3月20日　初版発行

	検印省略
著　者	小　林　秀　一
発行者	青　木　鉱　太
編集者	岩　倉　春　光
印刷所	丸 井 工 文 社
製本所	国　宝　社

〒 101-0032
東京都千代田区岩本町1丁目2番19号
https://www.horei.co.jp/

（営　業）	TEL	03-6858-6967	Eメール	syuppan@horei.co.jp
（通　販）	TEL	03-6858-6966	Eメール	book.order@horei.co.jp
（編　集）	FAX	03-6858-6957	Eメール	tankoubon@horei.co.jp

（オンラインショップ）　https://www.horei.co.jp/iec/
（お詫びと訂正）　https://www.horei.co.jp/book/owabi.shtml
（書籍の追加情報）　https://www.horei.co.jp/book/osirasebook.shtml

※万一、本書の内容に誤記等が判明した場合には、上記「お詫びと訂正」に最新情報を掲載しております。ホームページに掲載されていない内容につきましては、FAX またはEメールで編集までお問合せください。

- 乱丁、落丁本は直接弊社出版部へお送りくださればお取替えいたします。
- JCOPY〈出版者著作権管理機構　委託出版物〉
  本書の無断複製は著作権法上での例外を除き禁じられています。複製される場合は、そのつど事前に、出版者著作権管理機構（電話 03-5244-5088、FAX03-5244-5089、e-mail: info@jcopy.or.jp）の許諾を得てください。また、本書を代行業者等の第三者に依頼してスキャンやデジタル化することは、たとえ個人や家庭内での利用であっても一切認められておりません。

©H. Kobayashi 2025. Printed in JAPAN
ISBN 978-4-539-73072-0

便利でお得な 定期購読のご案内

定期購読会員（※1）の特典

送料無料で確実に最新号が手元に届く！
（配達事情により遅れる場合があります）

少しだけ安く購読できる！
- ビジネスガイド定期購読（1年12冊）の場合：1冊当たり約155円割引
- ビジネスガイド定期購読（2年24冊）の場合：1冊当たり約260円割引
- SR定期購読（1年4冊（※2））の場合：1冊当たり約410円割引

会員専用サイトを利用できる！

割引価格でセミナーを受講できる！

割引価格で書籍やDVD等の弊社商品を購入できる！

定期購読のお申込み方法

振込用紙に必要事項を記入して郵便局で購読料金を振り込むだけで，手続きは完了します！まずは雑誌定期購読担当【☎03-6858-6960／✉kaiin@horei.co.jp】にご連絡ください！

1. 雑誌定期購読担当より専用振込用紙をお送りします。振込用紙に，①ご住所，②ご氏名（企業の場合は会社名および部署名），③お電話番号，④ご希望の雑誌ならびに開始号，⑤購読料金（ビジネスガイド1年12冊：12,650円，ビジネスガイド2年24冊：22,770円，SR1年4冊：5,830円）をご記入ください。

2. ご記入いただいた金額を郵便局にてお振り込みください。

3. ご指定号より発送いたします。

（※1）定期購読会員とは，弊社に直接1年（または2年）の定期購読をお申し込みいただいた方をいいます。開始号はお客様のご指定号となりますが，バックナンバーから開始をご希望になる場合は，品切れの場合があるため，あらかじめ雑誌定期購読担当までご確認ください。なお，バックナンバーのみの定期購読はできません。

（※2）原則として，2・5・8・11月の5日発行です。

企業の総務・人事担当者，社会保険労務士必携！

改正情報や労務のトレンドを Catch Up するためのマストアイテム

ビジネスガイド

購読料金：（1年）12,650円
　　　　　（2年）22,770円

　ビジネスガイドは 昭和40年5月創刊の労働・社会保険や人事・労務の法律を中心とした実務雑誌です。企業の総務・人事の実務担当者および社会保険労務士の業務に直接影響する，労働・社会保険の手続，労働法等の法改正情報をいち早く提供することを主眼としています。これに加え，人事・賃金制度や就業規則・社内規程の見直し方，合同労組・ユニオン対策，最新労働裁判例のポイント，公的年金・企業年金に関する実務上の問題点についても最新かつ正確な情報をもとに解説しています。

社会保険労務士の情報源といえば…

改正情報や労務のトレンドを社労士としてのMarketingにつなげたいなら

開業社会保険労務士専門誌 SR

購読料金：5,830円

　労働・社会保険，税務の官庁手続＆人事・労務の法律実務誌「月刊ビジネスガイド」の別冊として，平成17年より発行を開始いたしました。
　本誌は，すでに開業をしている社会保険労務士やこれから開業を目指す社会保険労務士を対象に顧客開拓や事務所経営，コンサルティング等に関する生きた使える情報を豊富に盛り込み，実践的に解説する，開業社会保険労務士のための専門誌です。
　実務への影響が大きい法改正情報はもちろんのこと，就業規則，是正勧告，あっせん代理，退職金，助成金，特定社会保険労務士制度等にかかわる最新の情報や「いかにビジネスにつなげるか」のノウハウを提供しています。本誌を読むことで，多くのビジネスチャンスを得るためのヒントを手に入れることができます。

■ 定期購読に関するお問い合わせは，日本法令 定期購読会員係 [電話：03-6858-6960 E-mail：kaiin@horei.co.jp] まで

～ 書籍のご案内 ～

行政書士のための風俗営業許可申請ハンドブック
中村麻美 著

A5判　296頁　　　定価3,300円（本体3,000円+税）

風俗営業許可申請の中でも社交飲食店（キャバクラ、ホストクラブなど）、特定遊興飲食店（クラブなど）、深夜における酒類提供飲食店（バー、コンカフェなど）の申請・届出を行う際の申請業務の進め方や申請書類の書き方などについて解説しています。
また、これらの許可（届出）に必要な営業所周辺の略図や平面図の作成方法についてもくわしく解説した実務必携の書となっています。

いちばんわかりやすい医療法人の行政手続き
中村弥生 著

A5判　296頁　　　定価3,410円（本体3,100円+税）

医療法人の運営には、さまざまな行政手続きが必要ですが、初心者にとっては複雑で難解です。本書は、保険診療を行う無床クリニックを開設している医療法人を対象に、はじめてでもひとりでミスなくできるよう、頻出する手続きを中心にわかりやすくやさしく解説します。
医療法人設立、税務、労務等には触れず、医療法人の行政手続きに焦点を当て、行政書士としての実務経験を基に、実践的なノウハウを紹介します。

3訂版　貨物自動車運送事業書式全書
鈴木隆広、先山真吾 共著

A5判　1092頁　　　定価7,700円（本体7,000円+税）

トラック運送業の許認可、運営に関する手続きと書式約200点を収録。
書式に記載すべき事項、添付書類の作成方法、イレギュラーなケースに対応するための参考書式例も示しながら、スムーズに手続きを進めるためのノウハウを随所に盛り込み解説しています。
トラック運送業の書類作成と申請実務の決定版といえる1冊です。

3訂版 建設業許可・経審・入札参加資格申請ハンドブック
塩田英治 著

A5判　340頁　　　定価2,860円（本体2,600円+税）

建設業の「許可」「経審」「入札」を1冊にまとめた唯一無二の書！
本書は、令和5年1月施行の経営事項審査の改正、請負金額要件の見直しなどの法改正を網羅、申請について詳しく解説しています。
著者は、長年、東京都より委嘱を受けて建設業許可および経営事項審査の窓口で相談員をしているため、他書や手引きでは書かれていない申請のポイントや、コラムを多数掲載しています。

●書籍のご注文は大型書店、Web書店、または株式会社日本法令出版課通信販売係まで

TEL：03-6858-6966　FAX：03-6858-6968